춤
움직임과 기술의
공진화

이 저서는 2018년 대한민국 교육부와 한국연구재단의 지원을 받아 수행된 연구임 (NRF-2018S1A6A3A030
43497)

E12
ility
manities

너울너울 칠피선 춤추매 두 다리 비스듬히 저더니

칼날로 팔뚝을 재다가 헌기둥게 눌리잔다

춤
움직임과 기술의
공진화

세 박양를 좃듯 부채를 부치며 거드름을 피우는데

김윤지 지음

스님이 넓은 거리에 모여서 북과 징을 치고

지화자 한 소리로 모든 기생 병창한다

앨피

모빌리티인문학 Mobility Humanities

모빌리티인문학은 기차, 자동차, 비행기, 인터넷, 모바일 기기 등 모빌리티 테크놀로지의 발전에 따른 인간, 사물, 관계의 실재적·가상적 이동을 인간과 테크놀로지의 공-진화co-evolution라는 관점에서 사유하고, 모빌리티가 고도화됨에 따라 발생하는 현재와 미래의 문제들에 대한 해법을 인문학적 관점에서 제안함으로써 생명, 사유, 문화가 생동하는 인문-모빌리티 사회 형성에 기여하는 학문이다.

모빌리티는 기차, 자동차, 비행기, 인터넷, 모바일 기기 같은 모빌리티 테크놀로지에 기초한 사람, 사물, 정보의 이동과 이를 가능하게 하는 테크놀로지를 의미한다. 그리고 이에 수반하는 것으로서 공간(도시) 구성과 인구 배치의 변화, 노동과 자본의 변형, 권력 또는 통치성의 변용 등을 통칭하는 사회적 관계의 이동까지도 포함한다.

오늘날 모빌리티 테크놀로지는 인간, 사물, 관계의 이동에 시간적·공간적 제약을 거의 남겨두지 않을 정도로 발전해 왔다. 개별 국가와 지역을 연결하는 항공로와 무선통신망의 구축은 사람, 물류, 데이터의 무제약적 이동 가능성을 증명하는 물질적 지표들이다. 특히 전 세계에 무료 인터넷을 보급하겠다는 구글Google의 프로젝트 룬Project Loon이 현실화되고 우주 유영과 화성 식민지 건설이 본격화될 경우 모빌리티는 지구라는 행성의 경계까지도 초월하게 될 것이다. 이 점에서 오늘날은 모빌리티 테크놀로지가 인간의 삶을 위한 단순한 조건이나 수단이 아닌 인간의 또 다른 본성이 된 시대, 즉 고-모빌리티high-mobilities 시대라고 말할 수 있다. 말하자면, 인간과 테크놀로지의 상호보완적·상호구성적 공-진화가 고도화된 시대인 것이다.

고-모빌리티 시대를 사유하기 위해서는 우선 과거 '영토'와 '정주' 중심 사유의 극복이 필요하다. 지난 시기 글로컬화, 탈중심화, 혼종화, 탈영토화, 액체화에 대한 주장은 글로벌과 로컬, 중심과 주변, 동질성과 이질성, 질서와 혼돈 같은 이분법에 기초한 영토주의 또는 정주주의 패러다임을 극복하려는 중요한 시도였다. 하지만 그 역시 모빌리티 테크놀로지의 의의를 적극적으로 사유하지 못했다는 점에서, 그와 동시에 모빌리티 테크놀로지를 단순한 수단으로 간주했다는 점에서 고-모빌리티 시대를 사유하는 데 한계를 지니고 있었다. 말하자면, 글로컬화, 탈중심화, 혼종화, 탈영토화, 액체화를 추동하는 실재적·물질적 행위자agency로서의 모빌리티 테크놀로지를 인문학적 사유의 대상으로서 충분히 고려하지 못했던 것이다. 게다가 첨단 웨어러블 기기에 의한 인간의 능력 향상과 인간과 기계의 경계 소멸을 추구하는 포스트-휴먼 프로젝트, 또한 사물인터넷과 사이버 물리 시스템 같은 첨단 모빌리티 테크놀로지에 기초한 스마트시티 건설은 오늘날 모빌리티 테크놀로지를 인간과 사회, 심지어는 자연의 본질적 요소로 만들고 있다. 이를 사유하기 위해서는 인문학 패러다임의 근본적 전환이 필요하다.

이에 건국대학교 모빌리티인문학 연구원은 '모빌리티' 개념으로 '영토'와 '정주'를 대체하는 동시에, 인간과 모빌리티 테크놀로지의 공-진화라는 관점에서 미래 세계를 설계할 사유 패러다임을 정립하려고 한다.

한국춤의 숨은 이야기로 본 진화의 의미 찾기

인간이 작용을 가하여 변화시키거나 새롭게 창조하여 집단적 생활양식으로 공유되는 모든 것을 '문화'라고 한다. 문화 중에서도 가장 상징적인 표현 양식으로서 오랜 시간 이어져 현 시대 존립하는 것이 고전예술이다. 그래서 우리는 고전예술에서 시대별 문화적 특성뿐만 아니라 총체적인 시각으로 예술적 · 국가적 · 세계적 정체성도 도출할 수 있다. 그중 특히 인간 대 인간에 의해 전승되어 온 전통춤은 무형적 예술로, 수용 · 변용 · 전승 · 보전의 가변적 과정을 겪었다는 점에서 예술을 만들고자 하는 인간의 생동하는 의지를 담고 있다고 할 수 있다.

결국 문화와 예술은 인간이 주체가 되어 만들고 지속적으로 표현하는 것이며, 우리는 그 가운데서 끝없이 사유하고 성장하는 인간의 진화론적 능력을 볼 수 있다. 그러나 가변의 가능성을 지닌 채 없는 듯 존재하며 사라진 듯 존립하고 있는 다소 추상적인 춤을 시대별로 포착하는 일은 그리 쉬운 작업이 아니다. 이 책에서는 그 딜레마를 극복하고자 도구를 들고 추는 춤의 진화 과정을 재조명하고자 한다. 몸의 움직임을 좀 더 효과적으로 표현하기 위해 사용한 도구들, 그 도구들을 적용시켜 하나의 작품으로 예술화한 재주 · 방법 · 능력을 모두 통틀어 '기술'로 바라보고, 몸의 움직임과 기술이 함께 걸어온 한국춤의 역정驛程을 안내하고자 한다. 그 길은 좀 더 성숙한 춤의 이동이었음을, 인간과 기술의 공진화였음을 보여 주려 한다.

이 책은 총 6장으로 구성된다. 서장은 책의 내용을 이해하는 데 필요한 배경 지식으로서 '용어의 개념'을 다룬다. 춤과 관련된 용어의 어원을 살펴보고 춤의 분류 카테고리를 제시하여 역사적 변천 과정을 일목요연하게 나타냄으로써 한국춤의 진화 과정에 대한 이해를 돕는다. 이와 함께 예술 · 기술 · 공진화 등의 개념을 이 책의 핵심 주제로 제시하고 안내한다.

1~5장은 춤과 기술의 작업화를 가시적으로 보여 주는 춤과 도구의 진화 이야기로 구성된다. 일반적 · 보편적 예술 도구인 천(鍵) · 칼(劍) · 북(鼓) · 부채(扇) · 탈(面)을 사용하여 독자적인 한국춤으로 진화시킨 인물들과 그들의 재주, 배경을 살펴본다.

아울러 이러한 과정을 통해 오늘날 우리 곁에 남아 있는 한국 춤의 진화 원리들을 토대로 한 현대적·미래적 춤 기술의 목적과 방향, 대상, 방안 등에 대한 차후 과제를 제시한다.

많이 어설프고, 많이 부족하다. 모든 것을 담지 못했고 온전하게 전달하지 못했다. 춤을 연구하는 필자 역시 진화하는 중이기에, 설익은 글들을 너그러운 마음으로 바라봐 주길 바란다.

평생을 바르고 담박하게 살아오신 양가 부모님, 남편, 딸 덕분에 좋아하는 공부의 길을 걸을 수 있었다. 그 길에서 공부의 마음과 자세를 보여 준 여러 선생님들 덕분에 춤의 글도 써 내려 갈 수 있었다. 그런 글들을 책으로 내 준 건국대학교 모빌리티연구원, 도서출판 앨피, 그리고 가족, 친구, 이웃을 비롯한 모든 분들에게 이 지면을 통해 감사의 마음을 전한다.

2022년 2월

김윤지

차례

춤과 무용

나는 용어에 다소 집착하는 경향이 있다. 용어 이해의 중요성을 늘 강조하며, 글이나 논문을 작성할 때 언제나 먼저 해당 용어의 주제적 개념을 잡고 시작한다. 이러한 습관은 아마도 국립민속박물관에서 주관한《한국민속예술사전》편찬에 참여하면서 본격화된 듯하다. 편수원으로서《한국민속예술사전》편찬 작업에 합류하여 가장 먼저 한 일이 민속예술을 대분류하고 대분류된 주제의 표제어를 추출하는 것이었는데, 내가 맡은 분야는 춤이었다. 춤은 무엇이고 무용은 또 무엇인지, '한국춤'과 '우리춤'은 다른 말인지, 전통춤 안에는 어떤 작품들이 있는지 가늠조차 할 수 없어 답답함이 몰려왔다.

　우리는 언제부터 '춤'이라는 용어를 사용했을까? 춤의 범위는 어디까지이고 또 그 깊이는 어느 정도인가? 이 문제에 접근하기 위해 한국춤, 민속춤과 관련된 거의 모든 책과 논문을 찾아보았다. 기존 연구자들이 제시하는 춤과 관련된 지식, 또는 관련 예술 지식에서 공통된 관점과 핵심어를 도출하고 한계점을 고민하며 해당 용어의 역사적 배경 및 형성 과정에 관한 정보들을 탐구했다. 더 나아가 이러한 배경 지식을 토대로 춤의 지식 사슬 또는 관련 카테고리를 그려 보면서, 해당 용어가 지닌 위치·무게·크기를 확인하고 춤을 비롯한 주변 용어까지 정립해 보았다. 이를 바탕으로 정리한 춤, 무용, 한국춤, 우리춤, 전통춤 등의 용어를 살펴보자.

우선 '춤'은 순수한 우리말이다. 우리글인 한글이 어느 정도 정착되고 보급되기 전부터 '춤'이라는 단어는 입에서 입으로 전해졌을 것이다. 춤을 문자로 기록할 때는 한자 '무舞'로 표현하였다. 춤이라는 용어의 어원과 유래를 명료하게 제시할 수는 없지만, 상하좌우로 움직이는 현상 및 이와 연관되는 단어에서 전래되었을 가능성이 높아 보인다. 춤이 '추어올려 다루다'는 의미의 '추스르다'에서 파생되었다는 의견도 있고, 곡식 따위를 까불러 쭉정이나 티끌을 골라내는 도구인 키를 사용할 때 그 안에서 자유자재로 움직이는 모습에서 유래하였다는 의견도 있다. 이외에도 여러 가지 설이 있지만 춤이라는 용어의 유래로 보기에는 다소 인과관계가 취약하다. 어쨌든 오래전부터 이러한 여러 해석과 의미를 지닌 춤이라는 용어를 한자 '무舞'로 표현한 것은 분명하다.

무舞의 진화 발전 과정

우리춤에 대한 최초의 기록은《삼국지三國志》〈위서魏書〉'동이전東夷傳'에 나오는 부여의 '영고迎鼓'와 동예의 '무천舞天'에 관한 내용이다. 먼저 '영고'에 대한 기록을 살펴보자.

> 은력殷曆 정월에 하늘에 제사하고 나라 사람들이 크게 모여서 연일 마시고, 먹고, 노래하고 춤추니 이름하여 영고迎鼓라 한다. 이때에는 형벌과 옥사를 판결하고 죄수들을 풀어 준다.[1] _ **〈삼국지〉 〈위서〉 '동이전'**

동예의 무천도 유사한 맥락의 내용으로 기록되어 있다. 동예의 제천행사 또는 대동행사의 이름은 '춤추는 하늘'이라는 뜻의 무천이라 하였는데, 그 내용은 다음과 같다.

> 늘 10월절 하늘에 제사하고 밤낮으로 술을 마시고 노래 부르고 춤추니 이것을 이름하여 무천이라고 한다. 또, 범을 제사 지냄으로써 신으로 삼는다[2] _ **〈삼국지〉 〈위서〉 '동이전'**

중국 진晉나라 때 편찬된 역사책《삼국지》에 동쪽에 있는 부여와 동예의 대표적인 행사 내용이 기록되어 있는 것이다. 우리는 이러한 기록을 통해 하늘에 제사를 지내는 행위에 늘 '무舞'가 함께하였음을 알 수 있다.

무舞와 관련된 기록은 세월이 흐르면서 좀 더 상세해지고 독립적으로 전문화되는 진보의 과정을 보여 준다. 예를 들어 위의 글에서 알 수 있듯이, 부여의 영고와 동예의 무천에서의 무舞가 다 함께 모여 신에게 제를 올리고 음식을 나눠 먹으면서 즐겁게 움직이는 대동적인 종합적 행위로서의 의미였다면, 이후 삼국시대 백제에서는 5월과 10월에 발로 두드리는 형식의 춤인 '탁무鐸舞'를 추었다는 기록이 역시《삼국지》〈위서〉'동이전'에 나온다. 그 외에도 불교 가면무용인 '기악무伎樂舞',《삼국사기三國史記》〈악지樂志〉에 가야금과 노래·춤의 구성에 따라 여러 작품으로 나뉘어진 '하신열무下辛熱舞'·'사내무思內舞'·'상신열무上辛熱舞'• 등이 나타나 무의 장르별 세분화를 엿볼 수 있다. 이러한 '무'의 진보적 발전은 통일신라시대에 더욱

• 하신열무는 감監 4인·금척琴尺 1인·무척舞尺 2인·가척歌尺 3인, 사내무는 감 3인·금척 1인·무척 2인·가척 2인, 상신열무는 감 3인·금척 1인·무척 2인·가척 2인으로 구성되었다고 한다. 금척琴尺은 가야금을 타는 악사, 무척舞尺은 춤을 담당한 악사, 가척歌尺은 노래를 부르는 악공이며, 감監의 역할이 무엇이었는지는 불분명하다.

빛을 발한다. 한국의 전통춤을 대표한다고 해도 과언이 아닐 정도로 대표성과 학술성, 예술성, 역사성을 지닌 '처용무'와 '검무'의 작품명이 이 시대를 기점으로 기록에 나타난다.

무舞의 전문화 · 세분화 양상은 한국 춤의 르네상스라고 할 수 있는 조선시대에 최고조에 달하고, 결절과 격변의 시대인 근대에 접어들어 전통적으로 내려온 무舞에 서구적이면서 하체 움직임을 형상화한 용어인 '뛸 용踊'자가 합쳐지면서 무용 사회는 엄청난 충격과 도전을 맞이하게 된다.

충격과 도전 없이 큰 발전을 기대하기 어렵다. 이 시대 '무'와 '용'의 만남 또한 예외가 아니다. 전통적으로 내려온 한국춤과 새롭게 진입한 근대적 양식의 춤이 동시적으로 존재하는 독특한 혼동적 근대성을 지니면서 한국 무용 사회는 혁신의 길로 나아가게 된다.

우리의 전통적인 '무舞'가 현상학적으로 팔과 다리의 움직임이 그리 크지 않고 상체 움직임을 주로 보이며 고요한 분위기를 자아내는 행위에 가깝다면, '용踊'은 하체 움직임을 통한 상하체 전체의 역동적 움직임을 포함한다. 실제로 '무용'이 들어온 이후 한국 춤판은 그러한 양상의 춤들로 변화를 꾀하게 된다(〈그림 0. 1〉).

이렇게 형성된 '무용'은 교육 · 사회 · 예술 분야에서 오늘날

| 그림 0.1 | 상체 중심의 전통 '무舞'에서 하체 중심의 '무용舞踊'으로 진화

신윤복, 〈납량만흥納凉漫興〉 속 '대무對舞'(왼쪽)와 정조의 현릉원 행차 모습을
담은 〈봉수당진찬도奉壽堂進饌圖〉 속 '무舞'의 모습(오른쪽)

20세기 초반 최승희의 '무용' 동작

이미지 출처 국립중앙박물관 · 위키미디어

까지 광범위하게 수용되고 있다. 다시 말해서 '무용'은 근대성을 지닌 좀 더 공식적이고 학술적인 용어라고 볼 수 있다. 이 책에서는 글의 전개 및 내용에 따라 '춤'과 '무용'을 적절하게 혼용할 것이다.

한국춤의 범위와 분류

인류가 시작된 시점부터 무용이 들어온 근대 이전까지의 춤을 전통춤이라 하고, 근대 이후 오늘날까지 한국적인 모든 춤을 '한국의 춤', '한국춤', '우리춤'이라고 할 수 있다. 즉, 한국춤은 한국이라는 지역적 공간 안에서 오랜 기간 전승되어 온 춤을 일컫는 굉장히 크고 넓고 깊은 범주와 의미를 담고 있는 용어다. 이를 이해하기 쉽게 〈그림 0.2〉와 같이 분류해 보았다.

가장 큰 대분류는 '한국무용'이며, 그 안에서 학술성·역사성·예술성·대표성 등을 지닌 춤을 보통 '전통춤' 또는 '고전무용'이라고 본다. 하지만 그렇다고 해서 전통사회부터 내려온 모든 춤을 전통춤이라고 하지는 않는다. 지속적으로 전승될 만큼 예술성이 있는지, 그러한 예술의 시간들이 겹겹이 쌓여 역사를 만들어 내고 그 역사들이 학술적인 기록으로 남아 있으

| 그림 0. 2 | 한국춤의 분류

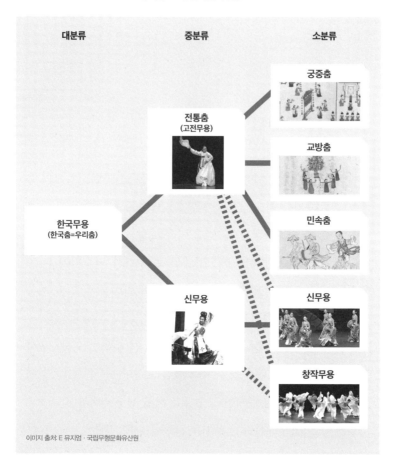

이미지 출처: E 뮤지엄 · 국립무형문화유산원

며 오늘날 한국을 대표하는 전통춤으로서 위상을 가질 수 있는
지 등을 따져 가름한 것이 바로 전통춤 또는 고전무용이다. 우
리나라는 그러한 전통춤이 다양한 모습으로 존립하고 있어 이
를 다시 춤의 행위자 · 향유자 · 목적 · 공간 등에 따라 '궁중춤',
'교방춤', '민속춤'으로 세분화할 수 있다.

먼저 전통춤으로서 궁중춤은 '최고' 관기官妓(관청에 속한 기
생)들이 추는 춤으로, 국왕의 안녕과 만수무강 또는 국가 발전
을 기원하며 왕과 신하 · 국빈들이 향유하는 궁전 안의 공간 및
국가 행사장에서 추었던 춤이다. 다음으로 교방춤의 '교방敎坊'
은 지방관아의 부속건물로 가歌 · 무舞 · 악樂 등의 각종 기예를
관기 또는 향기鄕妓(지방 기생)들에게 교습하는 곳이다. 교방에
서 사객연使客宴(중국 및 일본의 사신들이 머무는 곳에서 펼쳐지는
연희) 및 국연國演(국가의 주요 연희)에 동원할 관기를 충원하기
위해 춤을 교육시키거나 연희할 수 있게 하였는데, 이때 추었
던 춤을 교방춤이라고 한다.

마지막으로 민속춤은 세시풍속, 민속놀이 등과 관련하여 전
해지는 춤으로 세시에 재인才人, 무당, 중 또는 민중이 추는 춤
이다. 민속춤은 향유하는 계급이 따로 있는 것이 아니라, 때로
는 행위자가 향유자가 되고 향유자가 행위자가 되기도 하며 세
시와 관련된 곳이라면 들 · 산 · 밭 · 초야에 이르기까지 모든

판에서 이루어지는 열린 춤*이라 할 수 있다.

그리고 근대를 기점으로 '그 이전과는 완전히 다른 새로운' 무용인 '신新무용'이 처음 등장했다. 신무용은 한국적인 전통과 국제적 근대가 조화된 형태로 20세기 이후 우리나라에서 성행한 새로운 춤을 지칭하는 시대적 용어이다. 마지막으로 근대 이후 현재까지 한국 전통춤 또는 신무용의 기본 내용, 형식, 요소, 원리, 기법 등을 토대로 창작되는 춤을 '한국 창작춤'이라고 칭한다.

결국 한국의 춤 또는 한국춤은 하루아침에 갑작스럽게 만들어진 단편적인 춤이 아니라 많은 시간, 많은 예인, 많은 사회를 거치면서 예술적으로 진화되어 왔고 앞으로도 무한한 진화의 가능성을 지닌 대상이라고 할 수 있다. 한국춤은 그 종류가 비교적 많은 편인데 이를 정리해 보면 〈그림 0.3〉과 같다.

한국춤의 전승은 역사의 흐름과 사회 변화 속에서 끝없는 수

---

* 민속춤의 정의와 범주는 굉장히 애매모호하다. 여기서는 전통춤의 형성과 전승, 진화를 중심으로 민속춤의 큰 개념을 설명하였다. 여기에 전문 예술인의 작업이 더해지면서 오늘날 이 춤은 시대적 발전과 함께 전문 예능으로서의 작품화, 즉 '보여 주는 단독 춤'으로도 작용하고 있다. 좀 더 자세한 민속춤의 개념과 이해는 김윤지, 〈한국민속예술사전 편찬을 위한 민속무용의 유형분류 연구〉,《한국사전학》24호, 한국사전학회, 2014, 7 참조.

|그림 0.3| 한국춤의 종류

시대 구분: 고대 초기국가 · 삼국시대 · 통일신라 · 고려 · 조선 · 근대 · 현대

궁중춤
- 삼국시대: 기악무 가야지무 우륵12무
- 통일신라: 검무·선유락 처용무 무애무
- 고려: 헌선도·수연장 오양선·포구락 연화대·곡파·무고 동동·아박무
- 조선~근대: 초무·향발·아박·무고·광수·처용무·헌선도·포구락·연화대·화방은·몽금척·금척·수명명화봉황음·수연장·청수무·장생보연지무·영자무·헌천화·박접무·경풍도·춘앵무·춘대옥촉·고구려무·공막무·사자무·향장무·춘광호·가인전목단·무산향·고구려무·공막무·사자무·시자무·향정무 외

교방춤
- 조선~근대: 검무劍舞·의암기무·수건춤·굿거리춤 외

민속춤
- 삼국시대: 탁무 도솔가무 회소무
- 조선: 처용가무·도파가·무고·벌고·대무 탈놀이
- 근대~현대: 동래야류·송파산대놀이·봉산탈춤 남해안별신굿·동해안별신굿 은율군들이·하회별신굿 승무 도살풀이춤·살풀이춤·농악춤 외

신무용
- 근대~현대: 인도인의 비애·광상곡·고난의 길 청춘·길을 잃어·부여회상곡·초립동 영산무·부채춤·태평무 향령무 외

창작무용
- 근대~현대: 한국적 정서, 한국적 춤사위, 한국적 안무로 창작된 오늘날의 작품들

용과 변용을 거치면서 발전을 거듭하며 이어져 내려온 예술적 진화의 과정이었다. 이 책에서는 그 진화의 예로서 도구 사용의 움직임을 중심으로 현존하는 춤들을 제시하고자 한다.

특히 도구 사용 춤의 진화에 주목하는 이유는 역사·사회·환경·사람 등이 늘 변화를 꾀하는 가변의 특성을 지니고 있으며, 지금 이 순간에도 변하고 있기 때문이다. 이러한 변화, 즉 좀 더 성숙하고 나은 삶을 위해 노력하는 인간의 인위적인 행위를 문화적 행위라고 할 때, 그 행위가 춤에서도 일어났으며 그 과정이 켜켜이 쌓여 오늘날 한국을 대표하는 춤이 남게 된 것이다.

현재 우리와 함께하고 있는 이러한 춤의 가치와 역사성·우수성을 논하는 것도 중요하지만, 여기서는 춤 문화의 진화 과정과 결과를 통해 인간이 변화를 추구하고 있다는 점에 초점을 맞춰 살펴보려 한다. 나아가 빠른 속도로 진화하는 환경의 변화 속에서 인간을 만족시킬 수 있는 미래 예술의 성격이 어떻게 변화할 것인지 예측해 보는 것도 의미가 있을 것이다.

2018년 12월 1일 멜론 뮤직어워드MIMA에서 방탄소년단BTS이 선보인 국악 버전 〈IDOL〉 무대가 전 세계의 주목을 받았다. 이 무대는 북춤·부채춤·탈춤·사자춤의 컬래버레이션 퍼포먼스로 구성되었는데, 만약 이 무대에서 BTS가 조선시대에 성행했던 춤을 그대로 재현했다면 세계의 감탄을 불러일으킬 수 있었을까? BTS의 무대가 커다란 반향을 일으킨 것은 한국 전통춤의 예술적 진화에 담긴 문화적 의지가 표출되었기 때문일 것이다.

물론 오랜 시간 변하지 않는 모습으로 남아 있는 불멸의 예술도 존재한다. 하지만 춤과 같은 무형적 예술은 각 시대 사회와 호흡하며 문화적 수준에 따라 지속적으로 진화해 왔으며, 진화해야 하는 문화적 · 실천적 의미가 반영된 표상이라고 할 수 있다.

예술, 기술, 그리고 공진화

우리는 일상에서 감탄할 만한 무언가를 표현할 때 '예술이다!'라고 말한다. 무엇이 이런 표현을 하게 만드는 것일까? 그 대상이 얼마나 대단하고 가치 있고 아름다운 것인지, 감동을 주는 것인지 정확하게 규정할 수는 없지만 적어도 기발한 무엇이거나 감흥 · 자극 · 감동 등을 안겨 줄 만한 요건을 갖추고 있는 것일 게다. 흥미로운 점은 예술이 지녀야 하는 이러한 최소한의 요건들이 계속 변화한다는 사실이다. 인간의 근원적 본성을 자극하고 일깨우는 몇몇 불멸의 고전예술을 제외하고, 대부분 예술이 지녀야 하는 최소한의 요건들은 사회적인 관계를 통해 끊임없이 발전과 진화를 거듭한다. 예로부터 내려오는 전통춤을 그대로 재현하기보다는, 그 춤이 지닌 문화적 원형을 기반으로 동시대적 감각과 소품 등을 사회적 요구에 걸맞게 적절히 조화시킨 BTS의 무대가 많은 사람들에게 감동과 희열을 선사한 것처럼 말이다. 전통을 고집하는 무대보다 전통을 존중하여 현대적으로 표현한 춤 예술을 통해, 예술을 만드는 사람도 예술을 향유하는 사람도 사유하는 과정에서 성숙할 수 있고, 그렇게 만들어진 결과물을 통해 다양성을 경험할 수 있다.

인간의 예술을 이해하려면 일면만 봐서는 안 될 것이다. 인간의 생물학적 본성과 그 본성이 사회적인 것들과의 관계를 통해 미적으로 탄생하고 진화하는 과정으로서 예술을 이해한다면, 좀 더 나은 진화된 예술을 만들어 낼 수 있지 않을까? 그래서 예술은 살아 있다고 말할 수 있으며, 그것이 예술의 존재 이유이기도 하다. 춤 예술을 정형화된 단독 오브제object가 아니라 인간을 진화시키는 도구, 과정, 결과로 보는 새로운 시선과 유연한 관점이 필요한 것이다. 이와 관련하여 예술작품에 대한 한나 아렌트Hannah Arendt의 견해를 살펴보자.

생계를 위한 노동, 타자와의 소통을 위한 행위, 가치를 추구하는 작업들이 모여서 예술작품이 탄생한다. 이때의 예술작품의 직접적인 원천은 인간의 사유 능력이다. 이것들은 인간의 능력이다. 단순한 욕구와 본능의 동물적 속성과는 상이함을 나타내며, 이 능력은 끝없이 사물화되고 표현화된다. 예술작품의 이러한 가시화는 단순한 변형 이상의 것이다. 여기서의 사물화와 표현화는 마치 타서 재가 되는 자연의 과정이 거꾸로 되거나, 심지어는 먼지조차 타서 불길이 되는 것과 같다.

예술작품은 사유의 산물이다. 이러한 사실이 예술작품이 지속적으로 사물화되고 표현화되는 것을 막지 못한다. 그림을 그리고 조각을 하고, 춤을 추고, 작곡을 할 때 발생하는 사물화 및 표현화는 사유를 실재로 만들고 사유의 사물을 제작하려는 인간이 가지고 있는 작업성 때문이다. 그리고 그 작업성이 영광스럽게도 살아 있다는 것은 엄연한 사실이다. 예술의 현저한 영속성 덕분에 예술작품은 모든 구체적인 사물들 중에서 가장 세계적인 사물에 속한다. 이들의 지속성은 자연의 부패력으로부터도 영향을 거의 받지 않는다. 왜냐하면 예술작품들은 살아 있는 피조물이 사용하는 물품이 아니기 때문이다. 의자의 목적은 누군가 거기에 앉을 때 실현되지만, 이와 달리 예술작품의 경우 내재적 목적의 실현에 부합하지 않는 사용은 오히려 예술작품을 파괴할 수 있다. 그래서 예술작품의 지속성은 모든 사물이 존재하기 위해 필요한 지속성보다 한 차원 높은 것이다. 그리고 그것은 오랜 세월에 걸쳐 영속성을 지니게 된다.[3] _ 한나 아렌트, 《인간의 조건》

아렌트에 따르면, 인간 사유의 능력을 작업화하여 상징화하고 가시화하는 것이 예술 활동 또는 예술작품이며, 그것은 끝없는 영속성을 지니며 우리 곁에 머문다. 아렌트는 문화와 예술의 주체가 '인간'이라는 것에 주목한다. 인간 활동 중에서 예술 표현 활동은 인간의 일차원적 속성이 아니라 사유하는 인간의 고차원적 표현이며, 그 표현들은 영속성을 지니면서도 진화론적 발전과 함께 안정감 있는 문화·예술·고전으로 상징화되어서 우리와 공존한다. 결국 문화와 예술은 인간이 주체가 되어 만들어 내는 것이며, 그것을 지속적으로 표현하는 가운데 인간은 끝없이 사유하고 성장하는 진화론적 능력을 보여 줄 수 있다는 것이다. 아울러 문화와 예술을 통해서 성숙한 인간, 성숙한 사회, 성숙한 국가로 발전할 수 있으니, 이것이 문화와 예술이 지닌 힘이자 주된 기능이라고 할 수 있다. 즉, 무형적 예술은 사유하는 인간의 표현에 의해서 '더 나은 성숙한 삶'으로 진보할 수 있는 도구이자 작업이자 작품인 것이다.

지금까지 춤이라는 무형적 예술의 궁극적인 기능은 무엇이며, 그것을 어떻게 이해해야 하는지 살펴보았다. 이를 통해 우리는 춤 예술이 현존하는 것들과의 관계를 통해 진화되어야 한다는 암묵적인 메시지도 발견할 수 있다. 이처럼 현존하는 것들과의 관계를 통해 예술을 더욱 예술답게 만들고 발전적으로 끌어올리는 데 필요한 것 중 하나가 바로 기술이다. '기술technic'이라는 용어 또한 그 의미와 범위가 매우 넓고 깊다. 기술을 뜻하는 영어 단어 'technic'의 어원은 그리스어 '테크네techne'이다. 테크네는 인간에 내재된 생각과 정신을 외부적인 것으로 생산하기 위한 실천을 의미한다. 옛날에는 과학을 인간 정신의 일부로 생각했던 반면, 기술은 인간 정신 밖에 있는 것으로 간주했던 것이다. 19세기 전후 인류가 산업화를 경험하면서 기술의 의미는 오늘날과 같은 물질적 재화를 생산하는 것으로 구체화되고, 예술과 의술을 포함하는 넓은 영역에서 사용되고 있다. 따라서 기술의 개념을 명확하게 규정하기 어려운데, 필자는 두 가지 측면에서 살펴보고자 한다.

첫째, 인간의 욕구나 욕망에 적합하도록 스스로 만들어 내거나 변화시키는 인간적 행위이다. 이 행위 안에는 일정한 사회적 체계를 꾸려 가는 노동 행위부터 인간에 의해 창조되는 수단적 행위까지 포함된다. 이를 전통사회에서는 '재才'라 하였는데, 이는 사람과 사람 사이의 관계를 통해 전수되는 구전심수

口傳心授(말로 전하고 마음으로 가르침)의 성격이 매우 강하다. 다음으로 기술의 두 번째 측면은 인간의 눈, 코, 귀, 손 등의 감각을 통해 느껴지는 실체 자체이다. 그 기술은 인간에 의해 창출되는 인공적인 특성을 가지고 있으며, 이러한 인공적 기술의 생명력은 동시대적 요구에 부합하거나 조금 앞서갈 때 확보될 수 있다.

이외에도 기술의 여러 측면이 존재하고 그 개념 또한 다양한 방식으로 확장될 수 있지만, 이 책에서는 이 두 가지 개념으로 접근할 것이다. 이에 따라 인간이 지닌 보편적인 본성·생각·상상 등의 표현과 그 표현을 끌어내고 끌어올리는 모든 것을 기술로 본다면, 예술과 기술에 의해 창출되는 과정·목적·결과에서 공진화共進化·coevolution를 확인할 수 있다.

진화는 지속적인 생명력을 바탕으로 자신을 잃지 않으면서 발전을 거듭하며 자신의 스타일을 구축하는 것이다. 그런 측면에서 공진화는 단독이 아니라 함께 자신들만의 정체성을 추구하면서 발전하거나 서로의 시너지를 통해 발전을 이끌어 가는 것을 뜻한다. 공진화는 1964년 생물학자 에리히Paul R. Ehrlich와 라벤Peter H. Raven이 나비와 식물 사이의 상호 진화를 연구하면서 '상호작용하는 종들의 상호 호혜적 진화적 변화'라는 의미로 사용한 용어이다. 이 개념이 경제학을 비롯한 여러 분야에서 활용되고 있는데, 우리는 '상호 호혜적 진화적 변화'라는 의미를 눈여겨 볼 필요가 있다. 이는 끊임없이 움직이는 생명력을 포함하고 있으며, 발전적인 의미로서의 과정·목적·결과를 예상할 수 있는 긍정적인 에너지를 담고 있다.

물론 변화를 추구하고 이동하는 것이 늘 옳은 방향과 옳은 결과로 이어지는 것은 아니지만, 모빌리티와 공진화가 협력과 상생의 결과로 이어진다는 희망과 기대를 불러일으키는 것은 사실이다. 이 책 또한 그 예라고 할 수 있다. 이 책은 한국춤에서 도구 매체의 변화, 도구를 들고 춤을 추는 주체자들의 이동, 도구 사용과 춤 동작의 조화 등과 같은 현상학적 이동을 통하여 우리춤이 진화하고 변화하는 과정을 시각적으로 포착해 내고 그 이동이 지닌 가치를 조명한다. 이는 가치적 이동성으로 해석될 수 있으며, 이러한 가치들을 통하여 우리춤의 미래적 이동성을 상상해 보고, 이동의 미래적 방향성까지 시사할 수 있을 것이다.

한국춤이 본성과 문화, 예술과 기술, 개인과 사회 간의 끊임없는 조화 속에서 공진화한다는 새로운 관점을 이 책을 통해 보여 주려 한다. 기록의 한계로 인해 부분적이고 단편적일 수도 있지만, 분명 한국춤이 공진화의 모범적인 사례임을 확인할 수 있을 것이다.

천, 칼, 북, 탈, 부채

호모 파베르Homo faber, 즉 '도구를 사용하는 인간'은 의식주와 관련된 일뿐만 아니라 비일상적인 행위에도 도구를 사용했다. 동서고금을 막론하고 훌륭한 예술적 도구로 만들어진 수많은 고전작품들이 전해지며, 한국 또한 예외가 아니다. 동양에서 도구를 사용한 예술작품을 전승하여 발전시킨 대표적인 나라 중 하나가 한국이다. 우리 역사에서 언제부터 도구를 사용한 춤이 시작되었는지 정확하게 언급할 수는 없지만, 살기 위한 본능적인 행위가 필요했던 원시시대부터 인간 움직임의 극대화를 위해 여러 도구를 사용했을 것으로 추측된다.

〈그림 0.4〉는 부산 초량에서 출토된 신석기시대 조개이다. 정교하거나 뚜렷하지는 않지만 눈과 입 모양을 조각하여 가면의 형상을 만들어 낸 것이다. 〈그림 0.5〉는 충남 논산에서 출토된 청동기시대 유물로 공 모양이 8개 달려 있다고 해서 '팔두령 八頭鈴'이라고 한다. 이 유물들은 선사시대에 비일상적인 행위에 동원된 도구로 짐작된다.

원시·선사시대의 춤은 추측으로 그려 볼 수 밖에 없다. 이 시기 춤의 목적 또는 춤의 형태는 살기 위한 본능적인 움직임으로서 생존 수단에 가까웠을 것이다. 그러한 비일상적 행위는

| 그림 0. 4 | 신석기시대 조개 가면 | 그림 0. 5 | 청동기시대 유물 팔두령

좀 더 안전하게 살게 해 달라는, 좀 더 풍부한 사냥감을 잡게 해 달라는, 자연재해를 피하게 해 달라는 목적에서 이루어졌을 것이다. 이때 위의 도구들은 인간의 바람을 하늘 또는 신에게 더 빨리, 더 크게 전하기 위한 독특한 전달 방식에 사용되었을 가능성이 높다. 이러한 것들을 춤 문화의 원형적인 도구라고 할 수 있는데 우리나라의 경우 천(巾), 칼(劍), 북(鼓), 탈(面), 부채(扇) 등을 들 수 있다.

　이러한 도구들은 세계 어디에서나 어느 시대에나 나타나는 보편적인 예술 도구이다. 보편적인 예술 도구들이 각 나라에서 어떻게 춤과 함께 사용되었고, 예술작품으로서 시대에 따라 진

화를 거듭하여 대표성을 지니게 되었는지를 살펴보면, 도구를
사용하는 춤의 보편성뿐만 아니라 각 나라의 고유성 및 정체성
까지 엿볼 수 있다.

제1장

춤과 천

첫 번째 살펴볼 춤은 수건 또는 천을 들고 추는 춤이다. 우리나라는 유독 천을 들고 추는 춤이 많다. 그러한 춤들은 수건춤·한삼춤·장삼춤으로 불리거나, 살풀이춤·승무·태평무와 같은 작품명으로도 통용된다. 그렇다면 춤을 출 때 천을 드는 이유는 무엇일까? 이는 인간의 표현 욕구와 관련이 있을 것이다. 좀 더 극적으로, 좀 더 확대되어 보여 주고 싶은 욕구를 천으로 형상화하여 극대화하려는 인간의 자발적 의도로 이해할 수 있다.

〈무용도〉, 한국 공연예술의 시작

우리 역사에서 천을 사용해 인간의 자발적 의도를 표현한 모습이 처음 포착된 것은 고구려 고분인 '무용총舞踊塚' 벽화에 나타난 춤의 모습일 것이다. 무용총의 고분벽화는 역사학 및 미술학에서도 비중 있게 다뤄지는 주제다. 무용총은 고구려의 두 번째 수도 국내성(유리왕 22~장수왕 15)이 있던 중국 지린성 지안集安에서 발견되어 '지안 무용총'이라고도 일컬어지는데, 고분의 이름에서도 알 수 있듯 무용의 비중이 크고 중요하다. 무용총의 널방 벽면과 천장에 여러 그림이 그려져 있는데, 특히 말을 타고 활을 쏘는 모습을 그린 〈수렵도〉와 무용수 7명이 춤을 추고 있는 모습을 그린 〈무용도〉가 유명하다.

역사의 조각인 기록과 유물로 당대 춤의 의미를 조망하는 필자는 무용총 벽화에서 천을 들고 추는 춤의 기원을 유추해 볼 수 있었다(〈그림 1. 1〉). 무용총의 〈무용도〉를 살펴보면, 고구려 지배층의 일상 모습을 엿볼 수 있을 뿐 아니라 공연예술로서의 형태와 구성 요소까지 갖춘 모습을 포착할 수 있다.

〈무용도〉는 분명 공연의 한 장면이다. 향유자를 위해 특별히 마련한 무대가 있고 그곳에서 행위자가 보여 주기 위한 무언가를 진행한다. 말 위에 앉아 있는 향유자는 상류층 또는 지배계층이다. 이 향유자를 위해서 긴 소매가 달린 무대복을 입고 7명이 춤을 추고 있으며, 그 아래쪽에 위치한 7명은 반주伴奏를 담당하고 있는 듯하다. 춤을 추는 행위자는 어깨 뒤로 팔꿈치를 구부리는 특수한 상체 동작과 오른쪽 발을 먼저 디딤한

| 그림 1. 1 | 〈무용도〉. 중국 지린성 고구려 고분벽화를 찍은 흑백사진(위)과 모사도(아래). 위 사진은 촬영할 때 빛이 들어가 사진 상단이 하얗게 되었다. 말을 타고 있는 사람을 위해 무용수와 악단이 공연을 펼치고 있는 모습으로 볼 수 있다. 무용수들이 같은 동작의 군무를 선보이는 것을 통해 전문적으로 춤을 추는 이들이 별도의 안무 설계 및 연습 과정을 거쳤음을 짐작할 수 있다

하체 동작을 보이며 동시에 군무群舞를 하고 있다. 이는 별도의 안무 설계 및 연습 과정, 그리고 춤을 전문적으로 추는 행위자가 존재했음을 보여 주는 대목이다. 곧, 〈무용도〉의 장면은 공연예술로서 춤의 일면을 담고 있다고 할 수 있다. 공연을 위해 준비한 의상, 안무된 춤의 움직임, 춤을 추는 사람들 등, 춤 공연 요소의 초대 양상을 보여 준다. 이처럼 무형적인 문화 소재를 유형의 유물로 남긴 〈무용도〉는 한국 무용사뿐만 아니라 한국 공연예술사에서도 주목해야 하는 중요한 유물로서, 한국 공연예술의 시작점이라는 의미를 갖는다.

〈무용도〉를 시초로 천을 들고 추는 춤은 이후 역사 속에서 공진화하여 한국을 대표하는 국가무형문화재 작품인 '승무僧舞'로 자리매김하게 된다.

승僧의 무舞에서 '승무僧舞'로

소매를 길게 늘어뜨린 전통적인 춤은 여러 시대에 걸쳐 발견되는데, 그중 현재 독립적인 작품으로서 존립하고 있는 승무에 대해 살펴보자. 한국 전통춤의 백미라고 할 수 있는 승무의 발생에 대한 정설은 확립되지 못한 상황이다. 오늘날 승무의 모습은 어떤 사회, 어떤 소재, 어떤 환경 등에 의해 다듬어지고 진화한 것일까?

승무와 관련된 기록은 조선 후기를 기점으로 다수 나타난다. 특히 민중의 기록이라고 할 수 있는 세시기歲時記(계절에 따른 사물이나 행사, 풍속 등을 기록한 책) 중에서 조선 정조 대 문신 유득공이 서울의 세시풍습을 기록한 《경도잡지京都雜誌》,* 순조 대 학자 홍석모가 지은 《동국세시기東國歲時記》에서 그 모습을 확인할 수 있다. 이 기록에서 승려가 돈이나 음식 따위의 물질을 얻기 위한 걸립 행위를 하러 민가에 내려와 북을 치는 '법고法鼓', 음력 섣달 그믐날 밤 묵은해의 잡귀를 몰아내는 의식인 '나례儺禮'의 탈춤 과장科場(탈놀이에서 현대극이 마이니 판소리의 마당에 해당하는 용어) 중 '승무'가 나온다. 더 나아가 19세기 후반 조선시대 시가와 무곡을 모아 엮은 《교방가요敎坊歌謠》에 '승무'라는 명칭과 함께 그 내용이 기록되어 있다. 《교방가요》에 나오는 승무의 내용은 지조 없는 변절과 가벼운 사랑의 이동을 담고 있으며 대사 하나 없이 춤으로 모든 이야기를 전개

---

* 정조 대 실학자 유득공柳得恭은 북학파의 거장 박지원朴趾源의 제자로 박제가·이덕무 등과 더불어 실사구시實事求是를 강조했고, 한학의 사四대가로 불린다.

하고 있다.

이러한 기록들을 바탕으로, 시주 및 의식을 위해 행했던 승려들의 무, 또는 탈춤 과장으로서의 승무가 전문적 예인 집단인 교방문화로 수용되면서 오늘날 홀춤 형식의 독립된 승무로 진화되었다고 볼 수 있다. 그 구체적인 진화 과정과 그에 따라 구축된 승무의 계보를 살펴보자.

《경도잡지》가 전하는 승의 무

《경도잡지》의 편찬 연대는 확실하지 않으나 저자 및 내용으로 보아 정조 대로 추정된다. 서울의 문물제도와 풍속·행사를 기술한 이 책은 제1권 〈풍속風俗〉과 제2권 〈세시歲時〉, 두 권

| 그림 1. 2 | 《경도잡지》

으로 이루어져 있다. 특히 제1권에서 연희 종목의 기본 규정을 다룬 '성기聲技'(음악에 관한 재주)와 제2권의 '원일元日'(음력 1월 1일), '상원上元'(음력 1월 15일), '중추中秋'(음력 8월 15일) 등의 항목에서 세시별 춤 문화를 확인할 수 있다.

제1권 〈풍속〉의 '성기' 편은

조선 후기 연희의 구성 요소에 대한 기본 정보 및 규정 등을 제시하고 있다. 악인樂人과 악대樂隊의 정의, 관기의 선상選上(조선 시대 지방의 관기를 뽑아 서울로 보내던 일) 및 구성, 대무對舞(두 사람이 마주 보고 추는 춤)의 강조, 연극의 종류 및 구성 요소를 설명하고 있는데, 그중 대무에 대해 서술한 부분을 보면 다음과 같다.

> 춤은 반드시 마주하고 추는데, 남자는 소매를 떨치고 여자는 손을 뒤집는 것이다[1] _《경도잡지》

《경도잡지》의 이 서술은 신윤복의 풍속화 화첩인《혜원전신첩》 중 〈납량만흥納凉漫興〉의 춤과 매우 유사하다(〈그림 1. 3〉). 우선 남자의 옷소매는 손을 감출 정도로 길어서 춤을 추면서 소매를 떨칠 수 있는 반면, 여성은 손을 드러내고 있다. 이러한 모습은 동시대 다른 그림에도 자주 등장하여, 두 사람이 마주 보고 추는 춤인 대무가 조선 후기의 대중적인 기본 춤임을 짐작할 수 있다.

〈납량만흥〉을 좀 더 살펴보면, 부유한 양반들이 한여름 더위를 피해 풍악을 즐기고자 장구, 피리, 해금 등으로 구성된 삼현육각三絃六角(국악의 악기편성법)과 여성을 불렀다. 춤추는 여성

| 그림 1. 3 | 신윤복, 〈납량만흥〉

은 악공과 한 팀을 이룬 관기로 보인다. 《경도잡지》에 따르면, 공사公私 연희에 참여하는 관기들은 주로 내의원內醫院·혜민서惠民署의 의녀醫女와 각 지방에서 선상된 향기들로 구성되며, 국연 시 춤과 노래를 불렀다고 한다.

한편《경도잡지》를 통해 국가 행사인 나례에서 연극이 중요한 레퍼토리였음을 알 수 있다. 연극은 산희山戱(인형극)와 야희

野戲(가면극)로 분류할 수 있다.

　　연극에는 산희와 야희 두 부류가 있는데 나례도감에 소속된다. 산희는 다락을 매고 포장을 치고 하는데, 사자·호랑이·만석중 등이 춤을 춘다. 야희는 당녀唐女와 소매小梅로 분장하고 논다. (演劇有山戲野戲兩部 屬於儺禮都監 山戲結棚下帳 作獅虎曼碩僧舞 野戲扮唐女小梅戲.)[2] _ 〈경도잡지〉

　　이 기록에서 '승무'라는 용어가 직접적으로 나오는 것은 한국 춤의 역사 또는 승무의 역사를 밝히는 데 중요한 대목이다. 최초라고 단정하기는 어렵지만, 학술적 증거로서《경도잡지》의 승무 명칭은 시사하는 바가 크다. 짧지만 조선 후기 연희에 대한 중요한 핵심 내용을 담고 있는《경도잡지》의 기록을 통해 승무가 이 연극의 한 부분으로 연출되었음을 알 수 있다.

　　《경도잡지》제2권 〈세시〉에서도 춤 문화와 형상을 엿볼 수 있는데, 그에 따르면 새해가 시작되는 원일元日에는 부녀자들의 판무板舞와 승려들의 법고춤이 이루어졌다고 한다. 부녀자들이 모이는 큰 놀이판에서 널을 뛰는 여자들의 움직임이 마치 춤을 추는 것 같아 이 놀이의 이름을 판무라고 했다. 판무가 오늘날 설날의 세시풍속 놀이인 널뛰기로 자리 잡은 듯하다. 또한 이날 중들이 시가로 법고法鼓(절에서 의식을 거행할 때 치는 큰북)를 지고 와서 치거나, 모연문募緣文(절에서 인연이 있는 사람으로부터 돈이나 물건 등을 모집하는 글)을 펴놓고 방울을 울리면서 염불을 했다고 한다. 이 모습은 신윤복의 또 다른 그림 〈노상탁발路上托鉢〉과 〈이승영기尼僧迎妓〉에서 볼 수 있다(〈그림 1. 4〉, 〈그림 1. 5〉).

〈노상탁발〉은 승려들이 산속에 있는 절로 가는 길목에서 시주를 청하는 장면으로 보인다. 법고를 두드리는 사람, 탕건을 쓰고 목탁을 치는 사람, 패랭이를 쓰고 꽹과리를 치는 사람, 고깔을 쓰고 부채를 든 사람이 염불을 외우면서 탁발을 위한 연희를 하고 있다. 〈이승영기〉에서도 한 승려가 염불을 외우면서 탁발을 한다. 당시 정조가 억불정책으로 승려나 무당들을 도성문 안으로 일절 출입하지 못하게 했으나, 민간에 오랫동안 뿌리내린 불교 신앙을 원천적으로 봉쇄하기는 힘들었다. 도성 밖에서 승려가 법고를 행하는 것이나 부녀자들이 법회에 참석하여 불공을 드리는 것을 현실적으로 막을 수는 없었다. 특히 부녀자들에게는 산사山寺에서 불공을 행한다는 것이 바깥 출입을 하는 데 좋은 명분이 되었을 것이다. 승려가 행하는 염불은 가사(歌)로, 법고는 춤(舞)으로, 목탁은 악樂으로 어우러져 부녀자들에게 다가갔을 것이다. 신윤복의 그림에서도 알 수 있듯 당

| 그림 1. 4 | 신윤복, 〈노상탁발〉

| 그림 1. 5 | 신윤복, 〈이승영기〉

시 부녀자를 상대로 한 탁발 행위는 금지 속에서도 더욱 성행했다.

《경도잡지》의 내용을 정리해 보면, 조선시대에 대무가 대중적인 기본 춤으로 유행했으며, 국가 행사인 나례에서 승무가 연극의 한 장르 또는 중요한 레퍼토리였음을 알 수 있다. 아울러 이 기록에서 '연극演劇'이라는 용어가 등장한 것도 눈여겨 볼 만하다. 조선 후기 민중의 기록에 연극이라는 단어가 등장하는 것으로 보아, 이 용어가 근대에 외부에서 들어온 것이 아니라 이전부터 상용화되고 대중적으로 명명된 용어임을 알 수 있다. 이처럼 종합예술 형태로서 승무와 북을 치는 법고의 공진화 과정이 있었기에, 오늘날 독무 형식 작품의 '승무'가 탄생할 수 있었을 것이다.

《동국세시기》속 법고 전승과 승의 무

《동국세시기》(1849)•는 정월부터 12월까지 1년간의 행사와 풍속을 23개 항목으로 분류하여 설명하고, 맨 끝에 윤달閏月과

• 《동국세시기》의 저자 홍석모洪錫謨는 정조·순조 대의 학자이다. 이자유가 쓴 이 책의 서문이 1849년(순조 15) 9월 13일에 씌어진 것으로 보아, 적어도 1849년에 책이 완성된 것으로 보인다.

관련된 풍속을 싣고 있다. 다른
세시기에 비해 민속 관련 내용
이 많이 기록되어 있고, 그 연원
의 고구考究도 정확한 편이다.
예컨대 법고춤에 대한 언급, 입
춘 행사의 정보, 백중과 백종 비
교, 나아가 각시놀음에서 각시
와 춤 종목 중 하나인 '회소무'의
유래도 기재하고 있어 이 책을
통해 당대 춤 문화와 종류까지

| 그림 1. 6 | 《동국세시기》

파악할 수 있다. 그중 승무와 관련된 법고춤에 대한 내용을 살
펴보면, 먼저《경도잡지》의 법고춤을 참고하여 부연³하면서 법
고의 개념과 도성문 출입 금지로 인한 성 밖에서의 법고 전승,
상좌중이 사람들이 많이 사는 집을 돌면서 재미齋米(부처님께 공
양하는 재齋에 쓸 쌀)를 구하는 사찰 걸립 문화를 소개하고 있다.

　《경도잡지》와《동국세시기》 외에도 승무의 의미와 종류를
짐작할 수 있는 기록으로 조선 후기 문인화가 권용정이 쓴《한
양세시기漢陽歲時記》와 〈세시잡영歲時雜詠〉이 있다.《한양세시
기》는 설날부터 그믐날 밤까지의 세시풍속을 기록한 글이다.
이 글에서 권용정은 정월대보름의 '처용치기'를 우리 고유의 민

속놀이로 보았으며 이 시기에 '법고승法鼓僧'의 걸립이 이루어
졌다고 하였다.

〔법고승〕 스님이 마을의 넓은 거리에 모여서 북과 징을 치고 초
립을 쓰고 푸른 깃과 종이로 만든 꽃을 비녀 삼아 꽂고, 노란색 장
삼을 입고 부절을 들고, 배우나 놀이꾼들처럼 둥글게 모여서 춤을
추며 걸립을 하였다.(〔法鼓僧〕 舞隊回旋擊鼓忙 金錢玉粒在中央 彌陀上座
偏多事 來與人家做道場)[4]_《한양세시기》

〈세시잡영〉에서도 법고승을 스님들이 금전과 쌀을 얻기 위
해 빠른 북소리를 내면서 둥글게 돌며 춤추는 무리로 형상화하
였다. 흥미롭게도 두 자료에서 확인되는 법고승의 걸립 묘사는
조선 후기 풍속화가 김준근의 화첩인《기산풍속도첩箕山風俗圖
帖》중 〈굿중패모양〉의 법고승과 일치한다(〈그림 1.7〉).

승무 전승의 진화 과정

지금까지 살펴본 세시문화 속 僧의 舞와 관련된 기록을
정리해 보면,《경도잡지》와《동국세시기》에서 걸립을 위해 북
을 들고 시가에서 행한 '법고'와 나례의 탈춤 과장 중 하나로서
'승무'를 확인할 수 있다. 또한 승무는《한양세시기》, 〈세시잡

| **그림 1.7** | 김준근, 〈굿중패모양〉

영)의 내용처럼 넓은 거리에 모여 북과 징을 치며 초립을 쓰고 놀이꾼들과 함께 춤을 추고 곡식을 얻는 굿중패(법고승) 양상을 보이기도 한다. 이러한 모습은 세시기의 기록뿐만 아니라 당대 대표적 실학자인 이덕무李德懋의 시 〈관승희觀僧戱〉에도 묘사

| 그림 1. 8 | 김준근, 〈중벗고치고〉. 신윤복의 〈노상탁발〉과 유사한 모습으로 법고의 역동적인 몸짓을 보여 준다

되고 있다. 이 시에서 재승才僧(불교와 관련된 연희자로 승려이면서 연희에 종사하는 사람) 계통의 연희자들은 종이꽃이 달린 굴갓을 쓰고 북·징 등의 악기를 연주하며 각 가정의 뜰 안으로 들어가 깃발을 들고 염불하며 기도한다. 그러면서 동도주東道主

(단골주인)의 복을 빌고 춤을 추며 접도 봐 주면서 걸립을 한다.

이처럼 승僧의 무舞는, 승僧을 포함한 여러 재인에 의해서 다양한 움직임을 통해 다의적 형상을 만들어 냈다(〈그림 1. 8〉). 또한 그러한 사람 또는 단체를 지칭하는 굿중패 · 걸립패 · 중매구 등 많은 용어들이 파생되었으며, 나아가 이러한 형상과 주체자들은 제의적이면서도 연극적 성격을 지닌 '산대山臺'의 발전과도 밀접하게 연관된다.

산대는 옛 기록에서 '士與僧美人皆假面', 곧 '선비 · 승려 · 미인이 함께 가면을 쓰고 등장하는 것'이라 하였는데,[5] 이러한 민중의 탈놀이 문화는 승무가 교방춤으로 전이되는 중요한 배경이 되기도 했다. 또한 산대는 오늘날 송파 · 퇴계원 · 양주 등 서울과 경기 지방에서 전승되는 탈놀이의 명칭으로, 현존하는 한국의 대표적인 민속 연희 종목 중 하나이기도 하다. 산대는 공통된 과장 구성과 주요 인물, 연극적인 서사적 모티브를 중심으로 현재 다양한 명칭으로 전국적인 분포 양상을 보인다(이에 대해서는 제5장 춤과 탈(面)에서 좀 더 구체적으로 다룰 것이다).

처음에는 승려들이 걸립을 위해 행한 행위가 시간이 흐르면서 전문적으로 풍물놀이 · 탈놀이 등을 하는 재인들과의 협업으로 진화한 것이다. 이러한 행위는 여민동락與民同樂(백성과 즐거움을 함께함)을 위한 국가 행사에 수용될 정도로 발전하게 된다.

국가 및 공적 행사를 담당했던 각 지방의 호장戶長들은 세시 행사 및 각종 연회를 열면서 탈놀이를 하는 승려 또는 재인들을 섭외했고, 그 행사에 향기鄕妓의 참여를 유도했다. 이를 통해 민속적인 승의 무, 승무의 문화는 전문적 기술 공간인 교방의 전문인들을 만나면서 또 다른 양상으로 진화한다. 즉, 민중들 사이에서 유행한 탈놀이 과장 중 가장 극적인 재미와 볼거리가 풍성한 과장을 선택하여 '승무'라는 명칭으로 교방의 연회 종목으로 기록한 것이다. 《교방가요》의 기록을 보자.

기생이 절하고 춤을 추고, 풍류랑이 나와서 대무를 한다. 기생과 한량의 친압親押할 즈음에 상좌上座가 나와 춤을 추다가 모퉁이에 누워 있는 노승에게 기생을 유혹하라고 귓속말을 한다. 노승이 이 제안을 거부하자 상좌가 석장錫杖을 끌어당기니 노승은 몸을 꼼짝하지 못한다. 상좌가 노승을 다시 이끌자 그는 일어나 기생 주변을 돌면서 춤을 춘다. 상좌가 기생과 한량의 사이를 방해하자 한량이 피해 나간다. 노승은 기생과 더불어 희롱하면서 한량이 오는지를 살피다가 도망간다. 한량이 비단신을 기생의 발에 신겨 놓고 나간다. 노승 또한 꽃신을 기생의 발에 바꿔 신겨 놓고 나간다. 한량이 돌아왔을 때 신발이 바뀐 것을 보게 되고, 한량은 기생을 때린다. 한량이 다시 기생을 달래다가 나가고, 그 사이 노승이 기생을 업고 나간다. 다시 한량에게 온 기생을 한량은 때리고, 기생은 울고, 한량은 달랜다. 한량이 소기少妓와 바람을 피게 되고 기생은 질투가 나서 소기를 때린다. 기생은 다시 춤을 추다가 퇴장하고, 노승과 상좌가 춤을 추다가 모든 것이 파罷한다.[6] _《교방가요》

기존의 승의 무와 관련된 기록이 주로 벽사진경辟邪進慶(요사스러운 귀신을 물리치고 기뻐할 만한 일로 나아감)의 제의적이고 민속적인 측면을 담고 있는 데 반해,《교방가요》의 승무는 남녀의 사랑을 중심으로 다루고 있다. 지조 없는 변절과 가벼운 사랑의 이동 등 교방문화에서 향기들이 접할 수 있는 사랑의 경험을 중심으로 연출된 것이다. 전문적으로 춤을 추는 사람이 대사 없이 춤으로 거의 모든 이야기를 전개하고 표현하는 점도 교방문화로서 승무의 특징이라고 할 수 있다.

《교방가요》에 기록된 승무는 전국에 산재한 각 지역 탈춤의 연행 구조와 비교했을 때, 중부 지역의 '양주별산대'와 해서 지역의 '봉산탈춤'의 서사 구조와 친연 양상을 보인다. 도상에서 알 수 있듯이((그림 1. 9)) 상좌의 모습은 현재의 홀춤 형식 의상과 매우 유사하며, 이는 양주별산대와 봉산탈춤의 상좌과장에서의 모습과도 유사하다. 특히 봉산탈춤 제1장 상좌과장에서 '상좌의 합장천신재배'와 노승이 상좌를 향해 90도로 굽히고 있

| 그림 1. 9 | 《교방가요》 목차(왼쪽)와 '승무' 편(오른쪽)

는 모습이 비슷하며, 서사 구조도 소무小巫(탈춤에서 노장·취발이·양반 따위의 상대역으로 나오는 젊은 여자)의 환심을 사기 위해 노장老長(늙은 승려)이 신 또는 염주를 주는 '노장과장' 구조와 동일한 맥락으로 이해된다.

정리해 보면,《교방가요》의 승무는 양주별산대와 봉산탈춤의 과장 중 가장 교방화가 가능하고 극적 재미가 있는 과장을 선택하여 교방화한 것으로 추정할 수 있다. 이동과 교류가 잦은 사당패와 놀이패를 통해 먼 지역의 탈춤을 수용할 수 있었기에, 노장과장을 교방화하여 승무로 기록한 것이다. 이러한 교방문화로서의 승무는 외부의 여러 다양한 요소의 영향과 수많은 무용인들에 의해서 다듬어지고 진화되어 오늘날 독립된 홀춤 형식의 작품인 승무에 많은 영향을 미쳤을 것이다.

| **그림 1. 10** | 20세기초 양주별산대놀이 소무와 노장과장의 승무

물론《교방가요》에 기록된 승무는 현재 무용계에서 통칭되는 홀춤 승무와는 담화 구조 및 양식 면에서 상이하며 직접적인 상관성은 적다. 조선 후기 지방 관아에서 인기 있는 종목으로 연행되었던 승무는 민간에서 성행한 탈춤의 노장과장을 기녀들의 연행물로 각색한 무용극적 형태인 반면, 독무로서 승무는 불교 사찰에서 승려들에 의해 연행된 작법무作法舞(불법을 찬탄하며 불전에 올리는 공양의 의미를 담아 추는 춤)가 탈춤 과장

으로 희극화되었거나 법고춤에서 직접적인 영향을 받아 각색 혹은 창작된 홀춤 형태로 볼 수도 있다. 이런 측면에서《교방가요》속 승무와 불교 사찰에서 이루어지는 법고춤은 상당한 변별성을 지니고 있는 각각의 장르로 보는 것이 옳을 듯하고, 오늘날의 승무는 이러한 여러 장르가 복합적으로 영향을 주어서 교방의 춤추는 여자들에 의해 정리된 춤으로 접근하는 것이 좋을 듯하다.

조선 후기 시대적인 분위기와 문화적 배경들로 인해서 탈춤의 과장 중 승무는 자연스럽게 다른 장르의 춤과 만날 수 있었고, 그중 교방문화에 맞게 재창작된 것이《교방가요》의 승무인 것이다. 이렇듯 조선 후기 교방은 여러 다양한 춤 변용의 경로와 수용 요소들을 기반으로 자신들만의 전문적인 춤 문화를 형성한 중요한 공간이었다. 외부와의 완전한 분리가 아니라 상호 조화를 이뤄 각 유형별 춤이 양적으로 팽창하고, 재창작을 통해 춤 역사를 진보시킨 곳이 바로 조선 후기 교방이다.

승무의 진화로 본 계보 읽기

승과 관련된 움직임, 북을 치는 행위들은 여러 사회적 조건과 환경·기술을 만나면서 오늘날의 홀춤 형식 무용작품이자 국가무형문화재인 '승무'로, 작법무로서의 '법고'로, 탈춤 과장

중의 요소로 우리 곁에서 존립하게 되었다. '승의 무'가 시대 흐름에 따라 끊임없는 수용과 변용을 거쳐 기술의 조화로 공진화되면서 여러 계보를 형성한 것이다. 그 예로 근대 문화와 예술을 사진으로 찍어 만든 기생엽서 속 승무의 풍경을 들 수 있다(〈그림 1. 11〉). 기생엽서는 1910년대 일제강점기에 발행된 사진엽서 중 가장 인기가 많았다고 한다. 기생의 교육, 공연 모습 등은 물론이고 유명 기생들의 단독 사진이 인기를 끌었다. 사진관에서 기생들을 모델로 연출 사진을 찍어 이를 엽서로 만든 것인데, 그 속에서 한국 근대의 춤의 풍경, 특히 승무의 모습을 포착할 수 있다.

사진엽서는 앞서 살펴본 기록이나 그림에 등장하는 승의 무, 승무의 모습보다 진정성·구체성·시각성이 훨씬 더 강하다. 이 사진들은 전통사회로부터 전해 내려온 승무의 기록 조각들과도 유사성을 지니면서, 승무가 국가무형문화재로 지정된 1960년대 후반의 모습 또한 담고 있다.

불명확하고 다듬어지지 못한 채로 전해 내려오던 여러 계통의 승의 무가 교방이라는 공간에서 전문 예인으로서 춤을 추는 여자들 또는 재인들에 의해 오늘날의 독립적인 예술로 진화되었다는 결정적인 방증이 바로 이 사진엽서들이다. 이러한 근대 초기 승무의 모습은 이외에도 '경성식도원京城食道園'과 '평양기

| 그림 1. 11 | 일제강점기에 발행된 기생엽서 속 승무의 풍경

생학원' 자료에서도 발견된다(〈그림 1. 12〉).

　이처럼 근대에도 맥을 이어 전승되어 온 승무는 1962년「문화재보호법」시행 6년 뒤인 1968년에 무형문화재 지정보고서 작성 이후 1969년에 이르러 국가무형문화재 종목으로 지정되었고, 동시에 보유자 인정도 함께 이루어졌다. 당시 작성된 승무에 관한 무형문화재 보고서는 주로 승무의 역사적 이해, 시작, 무보舞譜, 의상과 도구, 악곡과 악기 등의 항목으로 구성되었다. 근세의 전통춤을 이어 온 한성준으로부터 한영숙류 승무

| **그림 1. 12** | 경성식도원에서 승무를 추는 기생 그림이 담긴 엽서. 이케베 히토시池部釣가 그린 그림이다

가 1969년에 처음 인정되었고, 이대조로부터 내려온 이매방류 승무도 그 계통의 가치를 인정받아 1987년 보유자 지정이 이루어졌다.

근세로부터 내려온 승무가 근대에 이르러 각 지역별로 가다듬어 이어져 왔는데 경기권에서는 한성준이, 호남권에서는 이대조가 대표적 인물이었다. 1960년대 「문화재보호법」 제정으로 이러한 춤들이 법제화되기 시작하면서 그 무렵 춤을 추었던 한성준의 손녀 한영숙이 1세대 보유자로 지정되고, 이어서 2세대인 이애주가 1996년에, 정재만이 2000년에 한영숙류 승무 보유자로 인정된다. 한편 이대조를 이은 호남의 이매방류 승무역시 1987년 보유자가 지정되었다. 이매방류 승무는 전수 조교 고故 임이조·김묘선·김정수 등과 230여 명의 이수자를 배출했다. 그러나 아쉽게도 1대 보유자들이 모두 타계하면서 향후 승무의 전승과 진화적 발전, 계보의 판도가 어떻게 진행될지는 좀 더 지켜봐야 할 것 같다.

춤 문화의 원형들이 지금까지 살아남아 자신만의 색깔을 유지하고 빛을 내는 것, 그 자체의 공존이 곧 공진화의 풍경이라고 할 수 있다. 뿌리고, 돌리고, 뻗는 행위들이 긴 천과 만나 시각적으로 극대화된 선을 그리며 북을 치는 기술과 협업하여 만들어 내는 승무는 〈그림 1. 13〉에서 볼 수 있듯 오랫동안 여러

| 그림 1. 13 | 무형문화재 승무의 계보

한성준

이대조

고 한영숙

1969년 종목 및
1세대 보유자 인정

고 이매방

1987년 호남권 승무
1세대 보유자 인정

한영숙

이매방

고 이애주

1996년 한영숙류 승무
보유자 인정, 2021년 타계

고 정재만

2000년 한영숙류 승무
보유자 인정, 2014년 타계

채상묵

2019년 이매방류 승무
2세대 보유자 인정

이애주

정재만

이미지 출처: 한국민족문화대백과사전 · 국립무형문화유산원

세대를 걸치면서 가다듬어지고 독자적인 스타일이 더해지면서 '유파 생성'이라는 공진화의 또 다른 양상을 띄게 된다. 이렇게까지 승무가 시대를 거듭하면서 질적 성장과 양적 팽창을 할 수 있었던 이유가 무엇인지, 오랫동안 우리 곁에서 끝없이 진화하고 있는 승무의 매력은 무엇인지 살펴보자.

승무 공진화의 이유

인류 역사에는 순간적인 빛을 내고 바로 사라지는 불꽃 같은 예술도 많다. 그런 예술은 사람들에게 깊고 강한 정서를 전달하지 못했기에 오랜 기간 이어지지 못하고 사라졌을 것이다. 반대로 동서고금, 남녀노소를 막론하고 변함 없이 우리 곁에서 함께하는 예술도 있다. 특히 무형적 예술들은 인간의 진화적 본능과 더불어 좀 더 나은 예술로 거듭나기 위한 노력을 통해 고유한 상징 코드를 창출하면서 예술성이 더욱 짙어지게 되고, 그 예술성에 대한 학문적 관심과 기록들이 더해지면서 학술성이라는 프레임이 만들어진다. 이 모든 것이 맞물리면서 오랫동안 넓게 퍼지고 강하게 작용하면 특정 나라, 특정 지역, 특정 예술가, 특정 장르를 상징하는 대표성을 가지게 된다. 이런 측면에서 본다면, 승무는 한국의 가장 대표적인 고전이라고 할 수 있다.

그렇다면 한국을 대표하는 고전이 될 수 있었던 승무의 매력

| 그림 1. 14 | 20세기 초 이강선의 승무춤

은 무엇일까? 승무의 어떤 부분이 각 세대 사람들의 마음을 사로잡았을까? 아마도 그것은 승무가 지닌 독특한 동작의 구성요소와 긴 장삼과 어울려 펼쳐지는 북을 다루는 기술과의 조화에서 생성된 특이성 때문일 것이다. 그 특이성은 경박하거나 가볍지 않으며, 오히려 깊은 조화미와 심미감을 선사한다. 또한 장삼이라는 아주 큰 선을 표현할 수 있는 독특한 의상이 승무의 조화로운 아름다움과 예술성을 높은 경지에 올려놓는 데 한몫한다.

법고를 치는 승려와 춤을 배우는 예인, 그리고 그 외 문화적 요소들의 공진화로 전승된 역사를 안고 고도의 기술을 요구하는 다양한 춤사위를 승무는 구사하고 있다. 그 춤사위는 침묵하는 듯하지만 에너지를 발산하고, 내면으로 숨을 모으는 듯하다가 높은 곳까지 펼쳐 내야 하는 숨으로 전환한다. 이 모든 상하고저上下高低의 변화, 정중동靜中動의 변화를 안정감 있고 멋스럽게 구성해 놨다. 이러한 승무를 승무답게 표현하여 대중들에게 널리 알린 것이 바로 조지훈의 시 〈승무〉이다. 이 시가 담고 있는 내면의 성찰과 심상이 승무의 춤과 만나면서 승무의 무게감 있는 무태舞態가 관객의 마음을 더욱 깊게 두드린다. 우리는 승무의 춤사위를 보며 감동을 넘어 스스로를 바라보는 성찰의 울림까지 경험하기도 한다.

그래서 나는 승무를 참 좋아한다. 승의 무에서 독립되어 전문화되고 예술화된 승무의 과거 모습을 상상해 보고, 그 안에서 인간의 본능적인 진화 능력을 읽어 내는 작업이 재미있기 때문이다. 승무의 본은 그대로 세우되, 끝없이 기술적 진화를 통해 발전을 거듭해 온 변용의 진정한 의미를 승무에서 발견하기도 한다. 승무는 훼손되지 않고 부패하지 않으면서 우리 곁에 오랫동안 있었고 앞으로도 함께할 예술로서, 참으로 대단한 힘을 지닌 춤임은 분명하다. 이러한 승무의 의미를 함축적으로 표현한 조지훈의 〈승무〉를 눈을 감고 머리와 마음으로 그려 본다.

승무

_ 조지훈

얇은 사 하이얀 고깔은

고이 접어 나빌레라

파르라니 깎은 머리 박사꼬깔에 감추우고

두 볼에 흐르는 빛이 정작으로 고와서 서러워라

빈 대에 황촉불이 말없이 녹는 밤에

오동잎 잎새마다 달이 지는데

소매는 길어서 하늘은 넓고 돌아설듯 날아가며

사뿐히 접어올린 외씨 버선이여

까만 눈동자 살포시 들어

먼 하늘 한 개 별빛에 모두오고

복사꽃 고운 뺨에 아롱질듯 두 방울이여

세사에 시달려도 번뇌는 별빛이라

휘어져 감기우고 다시 접어 뻗는 손이

깊은 마음속 거룩한 합장인 양하고

이 밤사 귀또리도 지새우는 삼경인데

얇은 사 하이얀 고깔은 고이 접어서 나빌레라

　시는 정지된 춤이고, 춤은 움직이는 시이다. 조지훈의 시 〈승무〉는 그런 점에서 춤이기도 하다. 예술에 대한 해석은 매우 상대적이며, 그 상대성에서 예술이 지닌 또 하나의 능력인 상상력이 발휘되기도 한다. 조지훈의 시는 승의 무를 무용작품 승무로 전승시켜 온 예술가들의 사유와 번뇌, 차곡차곡 쌓인 그들의 노고를 대신 말해 주는 것 같아서 읽다 보면 한쪽 가슴이 시리다. 하늘 끝까지 펼치고 싶은 내적 욕망과 그것을 짓눌러야만 하는 발디딤의 무게, 몸의 확장과 축소를 위한 그들의 호흡이 들리는 듯하다.

수건춤에서 살풀이춤으로

　수건을 들고 추는 춤이 정확히 언제부터 시작되었는지 단언할 수 없지만, 기록에 등장하는 '초무初舞'(처음 시작하는 춤)라는 춤을 출 때 자연스럽게 수건을 들고 추었을 것으로 추측한다. 특히 조선 후기 글과 그림에서 감정의 극대화 및 시각적인 무대 연출 효과를 높이기 위해 수건을 들고 춤을 추는 관기들의 모습을 확인할 수 있다. 궁중에서도 '초무'라는 종목을 별도로 명명하여, 정재呈才(대궐 안의 잔치 때 벌이던 춤과 노래)가 이루어지는 무대 오프닝으로 이 춤을 추기도 했다. 이처럼 궁중춤으로서의 초무가 있지만, 우리가 주목할 춤은 지방 및 교방에서 이루어진 수건을 들고 추는 춤이다. 교방에서 전문적인 가歌·무舞·악樂을 교육받은 전문 예인으로서의 관기들은 해당 고을의 동제 및 각종 세시행사에서 춤을 선보였는데, 이때 민속문화 및 민속춤과 자연스럽게 융합되면서 춤의 여러 장르가 발생하기 때문이다. 수건을 들고 추는 춤은 다양한 전승 시스템 속에서 오늘날 재인 계통의 살풀이춤, 교방(권번) 계통의 살풀이춤, 무속 계통의 살풀이춤 등 다양한 계보로 진화하였다.

결국 오늘날 일반적으로 알려진 살풀이춤은 단순히 수건을 들고 추는 춤의 동작에서 시작되어 전문 예인들의 기술성과 예술성이 더해져 질적 성장과 양적 팽창을 이룬 발전적 진화의 결과물인 셈이다. 현존하는 살풀이춤의 진화를 살펴보자.

초무에 관한 옛 기록들

수건을 들고 춤을 추는 행위는 일반적인 예상보다 훨씬 더 오래전부터 이루어진 것으로 보인다. 앞서 살펴본 고구려 무용총의 〈무용도〉에서도 손끝의 확장을 통해 더 멀리, 더 높이 표현하고자 하는 인간의 욕구를 확인할 수 있다. 이러한 행위가 진화하여 전문화된 살풀이춤에 관한 학술적 근거는 조선 후기 기록에서 발견된다.

특히 궁중의 경우 살풀이춤의 기본 춤이라고 할 수 있는 초무初舞의 기록이 다수 나온다. 하지만 이를 살풀이춤의 시초로 바로 연결짓기에는 다소 무리가 있다. 궁중의 무용인 '정재'의 춤결이 살풀이춤과 매우 다르며, 춤의 풍경 또한 많이 다르기 때문이다. 그럼에도 불구하고 궁중의 초무를 간략하게 소개해 보려 한다. 하나의 춤이 조선 후기라는 역사적 · 시대적 배경 속에서 다양하게 퍼지고 만나면서 또 다른 장르의 춤들을 탄생시켰으므로, 오늘날의 살풀이춤을 이해하는 데 궁중의 초무가 작은 도움이 될 것이다. 특히 춤 관련 기록이 열악한 상황에서 궁중춤에 관한 기록은 여러모로 중요한 징표가 될 수 있다. 최상위 기득권 사회에 속하는 궁중은 기록의 중요성에 대한 인식이 철저하여 기록화의 환경이 매우 우수했다.

조선 후기 궁궐 안에서 열린 크고 작은 행사에서 초무를 췄던 무용수들이 때로는 지방 교방에서도 천을 들고 추는 춤을 추기도 했다. 즉, 궁중의 초무가 오늘날의 살풀이춤과 직접적인 연관성은 없다 해도, 수건을 들고 추는 전문적인 춤과 사람에 대한 원류로서 충분히 접근할 수 있다는 것이다.

초무는 몸을 바로 세운다는 뜻의 '입立춤'과 처음 시작하는 춤이라는 의미를 함께 담고 있다. 숙종 대의 《진연의궤進宴儀軌》(1719), 영조 대의 《진연의궤》(1744), 순조 대의 《진작의궤進爵儀軌》(1828)에서 초무를 찾을 수 있다. 의궤는 조선시대 왕실에서 거행된 여러 가지 의례의 전모를 소상하게 기록한 책이다. 《조선왕조실록》 등에도 의례 관련 내용을 기록하였지만, 의례의 내용이 너무 많고 방대하여 별도의 서책으로서 의궤를 제작하였다. 왕실의 혼사 · 장례 · 건축 · 잔치 · 편찬 등 반복적으로 일어나는 일을 기록하여 유사한 행사에 참고하도록 한 것이다. 한국 전통 공연예술학에서 의궤는 매우 중요한 연구 대상이다. 초무의 기록이 담긴 의궤를 정리하면 〈표 1. 1〉과 같다.

〈표 1. 1〉을 보면 숙종 대의 진연은 제3작부터 제9작까지 악무樂舞의 배열이 정형화되어 있고, 초무는 늘 처음 행사의 시작을 알리듯 오프닝 무대로 장식되었음을 알 수 있다. 영조 대에는 숙종 대의 진연 모습을 그대로 따르는 형태를 보이는데, 특이한 점은 '향발響鈸'(작은 타악기를 좌우의 엄지손가락과 가운데손가락에 각각 하나씩 메고 장단에 맞추어 치면서 추는 춤)과 '광수廣袖'(조선 시대 궁중에서 공연되는 정재의 하나로 너른 소매의 옷을 입고 추는 춤) 종목을 한 번 더 재연했다는 점이다. 반면 순조 대

| 표 1. 1 | 조선 후기 의궤 속 초무의 흔적들*

	숙종 대 《진연의궤》 1719년	영조 대 《진연의궤》 1744년	순조 대 《진작의궤》 1828년
제3작	(오운개서조) **초무**	(오운개서조) **초무**	전하 · **왕비승좌陞座** (향당교 주) **초무** · 광수무
제4작	(정읍만기) 아박	(정읍만기) 아박	제1작 (정읍만기/환환곡/여민 락) 아박무
제5작	(보허자령) 향발	(보허자령) 향발	제2작 (보허자/향당교주) 향발
제6작	(여민락만) 무고	(여민락만) 무고	제3작 (향당교주) 수연장지무
제7작	(보허자령) 광수	(보허자령) 광수	**왕세자 거음擧飲** 첨수무 · 무 고 진별행과 포구락
제8작	(여민락령) 향발	(여민락령) 향발	전하와 왕비의 입대차 처용무
제9작	(보허자령) 광수	(보허자령) 광수	
사배 전하환궁	(여민락 · 향당교주) 처용무	(여민락) 처용무	

* 왕조별 의궤 기록 내용이 상이하여 표 형식이 일정하지 않음

에는 악무의 배열 및 춤의 종목에도 변화가 보인다.

사실 순조 대의 궁중춤은 별도의 지면을 할애해야 할 만큼 관련 이야기가 너무 많다. 순조 대는 한국 궁중춤의 르네상스 시기라고 해도 과언이 아닌데, 이를 이끈 사람은 순조의 아들 효명세자이다. 효명세자는 몸이 약했던 부왕 순조를 대신해 열 아홉 살 때부터 수렴청정을 했다. 정무를 시작한 효명세자는 여러 정책을 추진하였는데, 특히 예악禮樂을 정비함으로써 세도정치로 인해 실추된 왕권을 회복하고 조선을 개혁하려 했다. 특히 그가 어머니와 아버지를 위해 만든 춤은 한국 궁중춤의 한 획을 그었다고 할 만하다. 효명세자는 궁중춤의 소재와

주제를 다양화시키고, 춤 연출 면에서도 뛰어난 감각과 참신한 시도를 보여 주었다.

오늘날 우리가 접하는 수많은 궁중춤의 창시자였던 효명세자는 아쉽게도 21세의 젊은 나이에 사망한다. 의식 중심의 궁중춤을 공연예술로서의 미학적 춤으로 이끌어 낸 그가 좀 더 오래 살았다면 오늘날 궁중춤이 훨씬 더 풍성하지 않았을까 하는 아쉬움이 크다. 비록 짧은 생애였지만 '춤을 가장 사랑한 왕자'로서 그가 남긴 예술은 지금도 우리 곁에 남아 숨 쉬고 있다.

서두에서도 언급했듯, 궁중의 초무와 수건을 들고 추는 춤을 이어 주는 것은 춤의 동작과 형태의 유사성이 아니다. 궁중의 큰 행사에서 춤을 추었던 향기(지방 관아에 소속된 관비)들은 행사가 끝나면 다시 본인이 소속된 지방의 교방으로 내려가 본연의 임무를 수행하였으니, 이것이 바로 선상기選上妓(조선 후기 지방 관아의 향기 중에 뽑혀서 상경하여 궁중 행사에 참여하고 다시 고향으로 돌아가는 기생) 제도이다. 이 제도로 인해서 궁중의 춤과 교방의 춤이 교섭하게 되고, 서로 예술적 자극을 주고받으며 수용과 변용의 과정을 거쳐 수많은 춤이 탄생하는 결정적 계기가 되었다. 수건을 들고 추는 춤 역시 이런 관점에서 바라보면 훨씬 더 폭넓게 이해할 수 있다.

수건춤의 또 다른 주역, 교방

궁중에서 큰 행사가 열리면, 지방 교방의 향기들을 대상으로 경연을 치러 궁중으로 올라갈 최고 향기를 뽑고, 그렇게 뽑힌 전국팔도에서 올라온 최고의 무인舞人인 향기들이 한 자리에 모여 궁중 행사에서 출 가무악을 연습한다. 이때 뽑힌 향기들은 자신의 춤을 견지하면서도 서로 자극을 받고 더 나은 춤 동작과 종목을 배우기 위해 노력했을 것이다. 습득 또는 모방을 통해서 새롭게 익힌 춤을 자기 식으로 변용하여 독자적인 춤 장르를 형성하는 것이다. 이 과정은 현재 한국의 수많은 전통춤을 이해하는 데 결정적인 렌즈 역할을 한다. 궁중에서 추었던 초무 역시 지방 교방에서 열리는 각종 행사에서 변용되어 추었을 가능성이 높다.

이런 측면에서 지방 교방은 한국 전통예술사 및 한국무용사에서 비중 있게 조명해야 하는 중요한 곳이다. 그러나 아쉽게도 해당 시대 교방의 모습을 담은 직접적인 사료는 그리 많지 않다. 각 군현의 읍지邑誌(지방 각 읍 단위로 작성된 지리지)를 살펴보아도 교방의 실상을 구체적으로 확인하거나 향기의 자료들을 수집하기에는 많은 어려움이 있다. 다행히 숙종 28년(1702) 제주목사 이형상李衡祥이 제주도의 각 고을을 순시하며 거행했던 여러 행사 장면을 기록한《탐라순력도耽羅巡歷島》의 〈승보시

사진보사詩士〉와 〈귤림풍악橘林風樂〉에 기생방妓生房과 교방 그림
이 남아 있고(〈그림 1. 15〉), 조선시대 각 지방의 사정을 기록한 사
찬읍지私撰邑誌[7] 중 평안도 지역 읍지와 《전라도읍지》에 교방과
그 춤에 관한 기록이 남아 있다. 이와 함께 조선 후기 진주교방
의 가 · 무 · 악을 비교적 상세히 기록한 《교방가요》를 통해   교

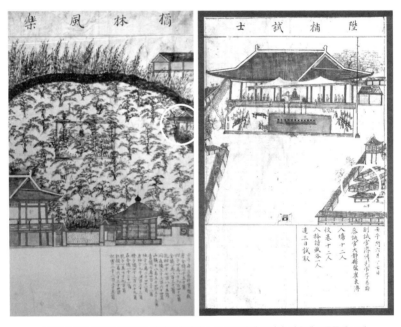

| **그림 1. 15** | 〈귤림풍악〉(왼쪽) 아래쪽에 망경루, 그 오른쪽에 귤림당, 가운데 오른쪽에 교방, 위편에 병고가 있다. 〈승보시사〉(오른쪽) 제주 관아에서 시행한 시험장의 모습을 그린 것으로 오른쪽에 '교방'이 있다. 하얀색 원으로 표시한 부분이 교방이다

방문화의 구체적 실상을 포착할 수 있다.

비록 교방에서 추었던 춤에 대한 기록은 많지 않지만, 위의 자료들을 바탕으로 교방에서 추었던 천을 들고 추는 춤들의 조각을 엮어 보고자 한다. 언제, 누구에 의해, 어떤 춤들이 펼쳐졌는지 시대별 춤 종목의 진화 경로를 살펴보겠다.

18세기 초반 평안도는 향기들이 소속된 교방의 핵심 지역 중 하나였다. 중국 사신이 지나는 길인 의주로*의 주요 지점으로서 평양-안주-선천-의주에서는 사신을 위한 연향宴饗이 성대하게 열리곤 했다. 특히 평양은 북방 최대의 상업도시로서 한양에 버금갈 정도로 부자가 많았다고 한다. '평양감사도 제 싫으면 그만'이라는 속담처럼, 당대 평양은 오늘날 강남과 같은 부촌의 이미지를 가졌던 것이다. 당시 평양감사의 부임을 기념하여 그린 그림과 연회의 모습을 보면 행사의 화려함을 짐작할 수 있다(〈그림 1. 16〉, 〈그림 1. 17〉). 그러다 보니 18세기부터 평안도 교방의 춤 문화는 타 지역보다 월등히 발달했고, 해당 춤의 흔적도 많이 남아 있다.

---

* 중국 사신이 다니는 길로 사신이 통과하는 역이 있는 군현은 일행을 성대하게 접대해야만 했다. '사방의 중요한 아홉 개의 큰 길' 가운데 제1로가 의주로이다. 안길정, 《관아이야기》 1, 사계절, 2000, 113쪽.

| 그림 1. 16 | 〈담와홍계희평생도淡窩洪啓禧平生圖〉중 '평양감사부임'

| 그림 1. 17 | 피바디에섹스박물관 소장 〈평양감사향연도〉부분. 평양감사 부임 환영 연회 모습을 담고 있다

신광수申光洙가 지은 연작시 〈관서악부關西樂府〉(1774)의 "영제교 머리에 기생 삼백 명"[*]이란 대목과, 그것을 그림으로 담은 〈평양도〉 10폭 병풍, 〈평양감사향연도〉에 등장하는 수많은 예인들의 모습을 통해 18세기 중반 교방의 기생과 악공의 규모를 짐작할 수 있다.[8]

〈평양감사향연도〉(피바디에섹스박물관 소장) 중 특히 주목할 부분은 기생 두 명이 배 위에서 춤을 추고 있는 모습이다(〈그림 1.18〉). 이 그림에서 양손에 짧은 길이의 천을 들고 마주 보면서 춤을 추고 있는 모습을 확인할 수 있다. 이 춤의 명칭이나 정확한 정보는 알 수 없지만, 당시 모습을 그린 그림에서 천을 들고 추는 춤의 형상을 포착할 수 있다.

이처럼 오늘날 살풀이춤의 시류라고 할 수 있는 초무, 입춤 또는 천을 들고 추는 모습을 담은 그림들은 19세기 이후 기록에서도 발견된다. 고종 3년(1866) 홍순학洪淳學은 주청사奏請使의 서장관書狀官(조선시대 중국에 보내던 관리)으로 청나라에 다녀와서 장편의 기행가사紀行歌辭 〈연행가燕行歌〉를 지었는데, 여기

---

[*] 〈관서악부〉는 신광수가 평양 감사 채제공의 생일잔치에 직접 가지 못하는 대신 이 시를 지어 강세황의 친필로 써서 보낸 칠언절구 108수의 장편의 시이다. "長林五月綠陰平 十里雙轎勸馬聲 永濟橋頭三百妓 黃杉分作兩行迎."

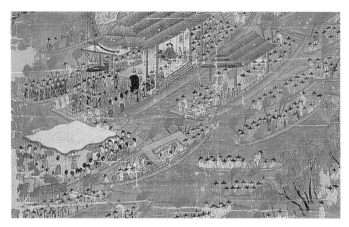

| **그림 1. 18** | 피바디에섹스박물관 소장 〈평양감사향연도〉 부분. 강에 배를 띄우고 벌인 연회에서 기생 두명이 마주 보고 수건춤을 추고 있다

에 선천 지방 춤에 대한 내용이 나온다. 선천의 부사府使(지방 장관직)가 사신행차 일행의 노정을 풀어 주기 위해 연회를 베풀었고, 그 일행이었던 홍순학이 연회의 장면을 기록한 것이다.

관산군 중화하고 선천부 속소하니 물색도 번화하며 색향으로 소문났다. 의검정 너른 대청 대연을 배설하고 여러 기생 불러다가 춤추는 구경하자. 맵시 있는 입춤이며 시원하다 북춤이요 공교하다 포구락과 처량하다 배따라기 한가하다 헌반도요 우습도다 승무로다 지화자 한 소리로 모든 기생 병창한다. 항장무라 하는 것은 이

고을서 처음 본다.[9] _ 홍순학, 〈연행가〉

연회는 부드럽고 아름다운 '입춤'을 시작으로, 동적인 '북춤'과 '포구락抛毬樂'(궁중 정재 중 하나로, 구멍이 뚫려 있는 문에 공 넣기를 하며 추는 춤), 기품 있고 절제된 '헌선도獻仙桃'(고려시대 정재 때 추던 춤의 하나로 선도반仙桃盤을 탁자 위에 올려놓는 춤)가 연행되었음을 알 수 있다. 홍순학은 '항장무項莊舞'를 선천 지역에서 처음 본 춤이라고 기술했다. 홍순학의 글에 등장하는 초무와 유사한 입춤은 교방에서 전문적인 예술교육을 받은 관기들이 천을 들고 추는 춤으로서 좀 더 심화된 기술을 예술적으로 승화한 형태였을 것이다. 사신들을 위한 연회에 동원된 관기들은 국가 및 지역 행사뿐만 아니라 여러 곳에서 전문성과 예술성을 펼쳐 보였을 텐데, 이 같은 양상은 수국사 대웅전 〈감로도〉, 원광대 소장 〈감로탱화〉의 도상에서도 발견된다.

수국사 대웅전 〈감로도〉를 보면(〈그림 1. 19〉) 많은 예인들이 함께 연희를 하고 있는데, 정면 아래 부분에 무인舞人 2명이 하얀색의 짧은 한삼(여자 예복인 원삼이나 활옷의 소매 끝에 댄 흰색 천으로 한국춤의 도구로 많이 사용됨)을 착용하고 음악에 맞춰 춤을 추고 있다. 같은 형태와 방향을 유지하여 앉아 있으면서 상체의 팔 동작과 수건 끝이 젖혀진 방향이 일치하는 것으로 보

| 그림 1. 19| 수국사 대웅전 〈감로도〉

아 의도된 동작 구성의 군무을 하고 있음을 알 수 있다. 공연예술로서 동일한 춤을 군무한다는 것은 춤 교습의 실제적 경험이 축적되어 오랜 기간 함께 작품을 연습한 무인들의 조합일 때 가능하다. 또한 맨손으로 추는 군무에 비해 천을 들고 추는 춤은 더 많은 연습과 동일한 춤 스타일이 요구된다. 무구舞具(춤을 출 때 사용되는 도구)를 들고 동일하게 춤을 춘다는 것은 그리 쉬운 일이 아니다. 오랫동안 기본기를 연마하고, 춤사위를 공유하는 실천과 춤에 대한 사유가 쌓일 때 의도된 안무 동작들을 군무로 승화시킬 수 있다.

교방의 춤 문화와 기술을 지속적으로 답습한 향기들은 관아의 각종 행사에서 본인들이 지닌 춤에 대한 생각과 기술들을 발휘했을 것이다. 이처럼 궁중에서의 춤 문화를 수용하면서 교방의 춤을 독자적으로 연마하여 민중의 판에서 펼친 향기들은 궁중-교방-민속의 춤을 공진화시킨 주역이자, 초무 및 수건을 들고 추는 춤을 '살풀이춤'이라는 이름으로 근대 시대에 내놓은 공로자라고 할 수 있다.

근대 살풀이춤의 시작

지금까지 옛 기록에서 살풀이춤의 시원과 연관될 만한 흔적을 찾아보았다. 그렇다면 현재 우리가 사용하는 '살풀이춤'이라는 단어는 언제부터 사용되었을까? 그 시작을 근대 사진엽서에서 발견할 수 있다. 천을 들고 추는 춤에서 살풀이춤이 비롯되었다는 것이 어렴풋한 예측이라면, 근대 살풀이춤에 대한 이야기는 좀 더 사실적이다. 조선 후기 각 교방에서 활동했던 관기들은 근대라는 독특하고 아픈 시대적 환경을 맞이하면서 권번券番(일제강점기에 기생들이 기적을 두었던 조합)의 일원으로서 예술 활동을 이어 간다. 일제강점기라는 특수한 환경에서 근대를 맞이했지만, 그럼에도 우리춤이 명맥을 유지할 수 있었던 것은 사진 속에서 춤을 추고 있는 여성들의 노력과 기술 덕분이다.

춤은 사람 대 사람으로 전해지는 고도의 기술적 영역이다. 엽서 속의 여성들을 마주할 때도 이런 관점에서 바라봐야 한다. 특히 〈그림 1. 20〉의 사진엽서는 그때까지 분명하지 않고

| 그림 1. 20 | 1907년 발행된 사진엽서. 배 위에서 '살풀이춤'을 추는 기생과 악사들의 모습을 담고 있다

선명하지 않았던 천을 들고 추는 춤의 행위를 '살풀이춤'이라고 명명했다는 점에서 무용사적으로도 매우 중요한 기록물이다. 살풀이춤이 기록에 처음 등장하는 것은 통상 1917년에 제작된 공연 팸플릿으로 알려져 있었는데, 이 엽서는 그보다 앞선 자료이다. 뿐만 아니라 이 사진 속 모습은 살풀이춤의 작품화 및 무대화의 측면에서도 이야깃거리가 많다.

사진 속에서 한복을 곱게 입은 두 여자의 춤추는 모습에 특히 오랫동안 시선이 멈춘다. 오늘날의 살풀이춤과 유사한 동작과 의상, 분위기를 느낄 수 있다. 가지런하게 빗어 넘긴 쪽머리, 흰색 한복과 흰 버선, 긴 천의 사용, 그 도구를 사용하여 표현하는 동작과 전체적인 공연의 분위기가 우리들이 알고 있는 살풀이춤과 매우 유사하다. 결절과 급변의 시간인 근대를 거쳐 오늘날까지 전통예술이 우리 곁에 남을 수 있었던 것은, 엽서 속의 춤추는 여자들이 있었기에 가능한 일이었다. 그들이 흩어져 있는 행위들을 작품화하지 않았다면, 그들이 지닌 고도의 기술을 살풀이춤으로 만들지 않았다면, 그들이 계속 춤을 추지 않았다면, 천을 들고 추는 춤 또는 천을 들고 추는 행위는 아직도 안개 속에 가려져 있었을 것이다. 그들의 모습을 담은 몇 장의 사진을 더 소개한다.

| 그림 1. 21 | 두 명의 기생이 수건을 들고 서 있는 모습이 담긴 사진엽서

(イ628)　　　DANCING OF KEE SANS　舞 の 生 妓　　（俗風鮮朝）

| 그림 1. 22 | 천을 들고 춤을 추는 여성들의 모습을 사진과 그림으로 담은 엽서들

태평무에 대한 짧은 단상

"김 선생님, 태평무는 궁중춤 맞죠?"

"아닙니다. 굳이 분류한다면 그 춤은 근대에 정립된 민속적인 한국춤에 속합니다."

2014년 필자가 공공기관 연구팀에서 근무할 때, 한국춤 공연 기획을 맡은 분과 나눈 짧은 대화이다. 태평무는 승무나 살풀이춤에 비해 인지도가 낮은 편이고 '왕과 왕비 또는 국가의 태평성대를 축원하기 위한 춤'이라고 알려져 있어서 궁중춤으로 생각하는 분들이 많다. 그러나 엄밀하게 말하면, 태평무는 근대 전통무용가 한성준韓成俊(1875~1941)이 작품화한 한국춤이다. 근세 전통사회로부터 내려온 장단과 한삼을 활용하여 한성준이 작품으로 진화시킨 것이 바로 '태평무'이다.

한성준은 충청남도 홍성 출생으로 7세에 외할아버지 백운채에게 춤과 북을 배운 뒤, 14세에 서학조에게 줄타기와 땅재주를 배웠다. 이어 박순조에게 춤과 장단을 배우고 1894년부터 협률사協律社와 연흥사演興社에서 공연을 하면서 본격적인 무대 활동을 하였으며 1930년 조선음악무용연구회, 1934년 조선무용연구소를 조직하였다. 1935년 '한성준 무용공연회'를 열고 일본 도쿄를 비롯한 주요 도시에서 순회공연을 가졌으며, 1941

년 모던일본사의 예술상을 수상하는 등 전통춤과 근대춤의 가교 역할을 한 대표적인 한국의 무용가이다.[10] 신무용의 대표적인 인물인 최승희와 조택원도 한성준에게 전통춤의 기법과 정신을 배운 뒤 모더니즘적 춤 세계의 폭과 너비가 한층 더 깊어지고 넓어졌다는 평을 받는다.

특히 최승희는 20세기 초 일본 무용가인 이시이 바쿠石井漠의 공연을 보고 그의 문하생으로 들어가 춤을 배웠는데, 당시에는 그리 큰 호응을 얻지 못했다. 이시이 바쿠에게 본토의 춤을 다시 배워 보라는 조언을 들은 최승희는 한국 전통춤을 배우기 위해서 당대 최고의 명무이자 명고수인 한성준을 찾아가게 된다. 한성준에게 전통춤을 배우고 그것을 동시대적 감각으로 여러 기술과 접목시키면서 최승희는 자기 스타일의 한국춤으로 세계적 명성을 얻는다(자세한 내용은 6장 참조).

최승희의 스승이자 태평무의 창시자 한성준에 대해 좀 더 자세히 살펴보자. 《조선일보》와의 인터뷰에서 한성준은 태평무가 만들어진 배경에 대해 다음과 같이 설명하였다.

무당의 춤에 왕꺼리나 대감놀이니 하는 것이 있습니다. 왕꺼리라는 것은 왕을 위하여 추는 춤이라고 하지만, 옛날 임금이 추시었다고 해서 생긴 옛날 춤입니다. 물론 오늘의 무당춤같이 그렇게 뛰면서야 추시겠습니까? 아마 좋은 음율에 취하시어 팔이라도 가만히 쳐드신 거겠지요. 이 춤이 오늘에 와서 변하고 변해서 소위 무당이 전해 내려오는 왕꺼리가 된 것입니다. 나는 이를 태평춤이라고 하여 제자들에게 가르치고 있습니다.[11] _ **(조선일보) 1938년 1월 7일자.**

한성준의 손녀 한영숙도 태평무가 "할아버지 한성준이 만든 춤"이라고 하였으며, 태평무가 경기도당굿 15거리 중 11거리와 유사하다고 밝히기도 했다. 푸살, 터벌림, 엇모리, 연결채, 천둥채, 겹마치기, 도살풀이, 자진굿거리가 그에 해당된다. 또한 조선의 마지막 무동舞童 김천흥이 "왕꺼리에서 나온 춤을 한성준이 재구성한 춤"이라고 증언할 것을 보면,[12] 태평무의 시원뿐만 아니라 이 춤이 풍기는 오묘한 심상의 기원까지 엿볼 수 있다.

곧, 태평무는 한성준이 한국춤의 문화원형이라고 할 수 있는 굿의 과장 중 하나인 '왕꺼리'나 '대감놀이' 과장에서 모티브를 얻어 경기도당굿에서 연주되는 장단과 반주 악기를 사용하여 만든 작품이라고 할 수 있다. 가장 권위 있고 품격 있는 왕의 춤사위가 굿의 음과 소리에 의해 진행된다는 것은, 얼핏 모순적 연결이자 예상하기 어려운 시나리오이다. 한데 이 같은 반의적 조합의 태평무는 오히려 절묘하게 어울리는 아름다운 조화를 통해서 새로운 심상을 불러일으킨다. 이것이 태평무가 지닌 독

| 그림 1. 23 | 한국 근대춤의 아버지로 일컬어지는 한성준의 생전 모습

보적인 예술성이 아닐까 싶다.

　이러한 예술성이 근대 초기부터 작품으로서 공연된 역사적 기록들과 맞물리면서, 태평무는 1988년 국가무형문화재 92호로 지정되며 한성준의 손녀딸인 한영숙의 제자 강선영이 보유자로 인정된다. 현재는 강선영 보유자가 2016년 타계하여 2세대 보유자인 박재희(한영숙류)와 양성옥·이명자·이현자 (강선영류)를 비롯한 전수조교, 이수자들이 태평무의 명맥을 이어가고 있다.

　한국의 태평무는 19세기 후반부터 판소리의 명고名鼓이자

명무名舞로 활동했던 한성준에 의해서 탄생하였다. 그는 근세
가·무·악 의 요소들을 자신의 스타일로 구사한 종합예술인
으로서 천재적인 재능을 지닌 인물인 듯하다. 그렇지 않고서야
무당굿의 장단과 궁중옷을 입은 무용수의 무태舞態가 완벽하게
조화를 이루는 기품 넘치는 태평무가 어떻게 탄생할 수 있었겠
는가. 대중에게는 다소 생소한 태평무와 그것을 만든 한성준의
이야기를 짧게나마 남길 수 있어서 춤 연구자로서 기쁘게 생각
한다. 한성준의 춤 세계를 좀 더 많은 이들이 느낄 수 있기를 바
란다.

|제2장|

춤과 칼

칼을 들고 추는 춤은 동서고금을 막론하고 오랜 시간 수많은 공간에서 연희된 대표적인 예술작품이다. 특히 한국의 경우 칼을 들고 추는 춤인 '검무劍舞'는 관련 기록이 궁중과 교방은 물론이고 민속과 관련된 모든 곳에서 발견될 만큼 전통사회 춤 예술의 핵심 작품이었다. 검무와 관련된 용어 또한 검무가 지닌 다원적이고 광범위한 범위만큼 다양하다.

칼을 들고 추는 춤을 일컫는 용어로는 '검무지희劍舞之戱', '첨수무尖袖舞', '일무釖舞', '검기무劍器舞', '공막무公莫舞' 등이 있다. '검무지희'는 삼국시대부터 구전되어 내려오는 검무에 관한 이야기를 기록한 글의 제목이며,• 공막무 · 검기무 · 첨수무는 궁

• 헌종 11년(1845) 문신 성원묵이 증보하여 중간한 경주의 지방지《동경잡기東京雜記》〈검무지희劍舞之戱〉조에 검무에 관한 내용이 나온다. '동경東京'은 고려 때 경주의 별칭으로,《동경잡기》는 신라의 고도 경주의 읍지라는 점에서 다른

중 기록에 나타나는 검을 들고 추는 춤의 명칭이고, 마지막으로 일무는 지방 교방에서 명명된 또 다른 칼춤의 이름이다. 칼을 들고 추는 춤은 이처럼 다양한 용어로 불리며 다듬어지고 더욱 견고해졌다.

한국 칼춤의 문화적 원형은 아마도 하나였을 것이다. 이것이 시간과 공간의 변화 속에서 궁중 스타일의 검무, 교방 스타일의 검무, 민중 스타일의 검무로 뻗어 나가게 된 이야기를 살펴보자.

궁중 잔치 속 칼춤

궁중 기록에서 검을 들고 추는 춤과 관련된 용어는 정조 이전 기록에서는 찾아볼 수 없다. 정조 이후 궁중의 잔치를 기록한 의궤에 비로소 검무라는 용어가 나타나기 시작하여 고종 대까지 첨수무, 검기무, 검무 등과 함께 등장한다.

정조 19년(1795)의 《원행을묘정리의궤園幸乙卯整理儀軌》는 정

읍지에 비해 신라 시대 사실이 풍부하게 담겨 있다.

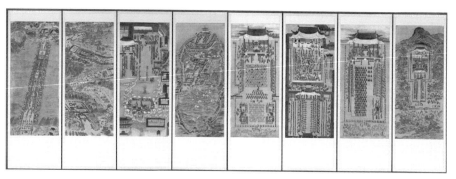

| **그림 2.1** | 정조의 현륭원 행차 모습을 담은 〈화성능행도〉

조가 어머니 혜경궁 홍씨를 모시고 사도세자의 묘소인 현륭원顯隆園이 있는 화성에 행차하여 거행한 축하행차의 전말과 그에 수반된 왕실행사를 기록한 것이다. 그리고 그 행사의 풍경을 도상으로 남긴 것이 〈화성능행도〉(〈그림 2. 1〉)이다. 이 해는 정조의 아버지 사도세자와 어머니 혜경궁 홍씨가 회갑을 맞은 해였다.

〈화성능행도〉는 정조가 직접 계획하여 1795년 2월 9일부터 16일까지 8일간 현륭원에서 베푼 성대한 연회의 모습을 8폭 병풍에 담고 있는데, 행사의 규모가 얼마나 크고 조직적으로 기획되었는지 잘 보여 준다. 그중 〈서장대야조도西將臺夜操圖〉(〈그림 2. 2〉)는 화성 성곽에 군사들을 배치하고 군사훈련을 실시하는 장

| 그림 2. 2 | 〈화성능행도〉 중 〈서장
대야조도〉

면을 담고 있다. 이 군사훈련
은 정조가 그동안 키운 친위
부대의 실력을 점검하는 한편,
최신식 무기와 실력으로 무장
한 군사를 직접 지휘함으로써
왕의 군사력을 과시하는 효과
도 있었을 것이다. 또 다른 그
림인〈봉수당진찬도奉壽堂進
饌圖〉(〈그림 2. 3〉)는 연희의 내
용과 규모를 사실적으로 담고
있다. '진찬進饌'은 궁중 연향
으로 잔치의 주인공에게 충忠
과 효孝의 의미를 담은 음악과
춤, 꽃과 음식, 술과 글을 예를
갖춰 올리는 자리를 뜻한다. 잔치의 주인공은 즐거운 경사를
백성과 함께한다는 의미로 꽃과 음식 등을 나누며 여민동락與
民同樂을 실천하는 모범을 보였는데, 이 그림에서도 그런 면모
가 보인다. 혜경궁 홍씨의 회갑연 풍경을 담은 이 그림은, 어머
니와 아버지에 대한 정조의 마음을 담고 있는 듯하다. 비명에
죽은 아버지에 대한 깊은 슬픔을 어머니에 대한 효심과 국권

| 그림 2. 3 | 〈화성능행도〉 중 〈봉수당진찬도〉 부분

강화의 의지로 승화시키면서 성대하고 웅장하고 아름다운 종합예술체로 표현하고 있는 것이다.

〈봉수당진찬도〉에서 확인되는 춤 종목은 아박牙拍, 첨수무尖袖舞, 무고舞鼓, 헌선도獻仙桃, 학무鶴舞, 선유락船遊樂, 포구락抛毬樂이다.[1] 도상에서는 검무의 양상을 포착할 수 없지만《원행을묘정리의궤》등 관련 기록물을 종합해서 보면, 이때 처음 궁중에서 검을 들고 추는 춤에 관한 기록이 등장한다. 물론 검을 들고 추는 춤에 관한 최초의 이야기는 신라 황창랑黃倡郎의 설화(《동경잡기》, 〈검무지희〉)이지만, 궁중 행사로서 검과 관련된 춤이 등장한 것은 이 시기부터라고 해도 무방할 것이다.

한편 조선시대 궁중 연향 중에서 유일하게 '행궁行宮'(임금이 궁궐 밖으로 행차할 때 임시로 머물던 별궁)에서 개최된 것이 봉수당 진찬이라는 점, 이전 궁중 행사에 비해 춤의 종목과 규모·형태가 매우 다양하다는 점을 미루어 볼 때, 정조 대의 궁중춤은 궁중춤의 절정기인 순조 대의 토대로서 의미가 있다고 할 수 있다. 여러모로 이 행사는 정조에게 뜻깊은 자리일 뿐 아니라, 역사학은 물론 무용학에서도 다의적인 가치성을 지닌 상징적인 장면 중 하나이다.

순조 무자년戊子年(1828)의 《진작의궤進爵儀軌》 역시 궁중춤 연구에서 독보적인 가치를 지닌 소중한 기록 중 하나이다.《진작의궤》는 춤을 사랑하여 월등하게 발전시킨 순조의 아들 효명세자가 중심이 되어 치른 의례에 관한 기록이다. 무자년 경복궁 자경전慈慶殿과 창덕궁 연경당演慶堂에서 열린 잔치에서 연행된 궁중춤은 총 28종목으로 역대 가장 많다. 이 중 19개는 새롭게 창작된 춤이며, 〈보허자령步虛子令〉(조선 시대 궁중 연회에서 사용되던 고려 때 들어온 당악곡) 3개 종목을 제외한 16개 춤이 〈향당교주鄉唐交奏〉(조선시대 궁중 연회에서 사용되던 향악기와 당악기의 혼합 편성으로 이루어지는 반주곡)로 연주되었다. 이러한 기존 반주곡에 49개의 아명雅名(본래의 곡명 외에 새로 붙인 우아한 곡명)까지 제시되어, 춤 반주곡의 전문성과 구체성·창의성을 엿볼 수 있다.

효명세자는 춤 연출에서도 많은 변화를 시도했다. 선모仙母(궁중무용에서 주축이 되어 춤추는 무원) 또는 독무獨舞(한 명이 춤을 추는 형식)의 춤을 선보이기도 하고, 때로는 그러한 춤을 돋보이게 하기 위해 협무挾舞(원무 및 독무를 도와 곁에서 춤추는 형태 또는 사람)를 투입시키거나 소품을 받쳐 드는 봉고·봉구문·봉족자奉簇子·봉선도반奉仙桃盤 등도 함께 등장시켰다. 현재까지 많은 사랑을 받고 있는 궁중춤 '춘앵무春鶯囀'와 '무산향舞山香'도 이 시대에 만들어졌다. 이 두 춤은 가장 우수한 무원 1인이 독무 형태로 추기도 했는데, 그들이 춤을 추는 무대를 별도의 입체적인 단층무대로 만들어 공연화하는 등 기존의 평면적인 춤 무대와 차별화된 시도를 보여 주었다. 이처럼 다양한 무대장치 사용은 조선 시대 공연예술이 진일보했음을 의미한다.

춤을 구성하는 형식적인 구성 요소의 차별화된 시도 외에도, 효명세자는 궁중춤의 내용적인 면에도 기여한 바가 크다. 한국 궁중춤은 의례나 규격이 매우 정적이면서도 고형적인 특성을 지니고 있는데, 효명세자는 이러한 딱딱한 궁중춤에 이야기를 넣고 표현을 가미시켰다. 형식 중심의 춤에서 인간의 보편적인 감정을 표출하는 궁중춤으로 변화를 꾀한 것이다. 특히 조선 후기 민족 미감의 향유가 중시되는 시대적 추세에 따라 청나라 등 외래 요소를 무조건적으로 수용하지 않고 향악鄕樂(삼국시대부터 전해 내려오는 고유의 음악) 중심의 주체적인 예술로 진화시키고자 한 뜻도 엿볼 수 있다.

다음으로 헌종 무신년戊申年(1848)《진찬의궤進饌儀軌》도 중요한 자료이다. 1848년은 헌종의 할머니인 대왕대비 순조비 순원왕후純元王后의 육순六旬이자, 어머니인 왕대비 신정왕후神貞王后의 망오望五를 맞는 경사스러운 해였다. 두 대비를 축하하기 위하여 헌종은 3월 17일 창경궁 통명전通明殿에서 내진찬內進饌과 야진찬夜進饌을 열었다. 또한 19일에는 통명전에서 왕이 주최하는 회작례會酌禮와 야연夜讌이 거행된다. 이렇게 네 차례

| **그림 2. 4** | 〈무신진찬도戊申進饌圖〉 부분. 헌종 무신년 진찬을 기록한 이 그림에서 검무를 추는 모습을 확인할 수 있다

열린 잔치를 총괄하여 진찬소進饌所의 전말을 기록한 문헌이 헌종 무신년《진찬의궤》이다. 전대前代 춤의 형식과 내용을 전반적으로 전승하고 있으나 춤 기록에 있어서는 약간의 차이를 보이는데, 헌종 대에는 칼을 들고 추는 춤을 '검기무'로 표기하고 있다.

이후 고종 대에는 1868년, 1873년, 1877년, 1887년, 1892년에 편찬된 총 5종의 국연 의궤인《진찬의궤》가 남아 있다. 현종과 고종 시대에는 궁중춤으로서의 검무를 비롯하여 전반적인 궁중 연향 구성과 형식에서 특별한 양상은 포착되지 않아, 전대의 형식과 내용을 지속적으로 유지했다고 볼 수 있다. 왕조별로 의궤에 기록된 검을 들고 추는 춤의 핵심 종목을 정리하면 〈표 2. 1〉과 같다.

궁중에서 펼쳐진 검을 들고 추는 춤은 대부분 '검기무'로 연행되었음을 알 수 있다. 하지만 궁중의 검기무 또는 검무 등 검을 들고 추는 춤은 국가의 안녕을 기원하거나 왕가의 기념일을 축하하는 잔치에서는 연희하지 않았을 것으로 보인다. 이는 검

| 표 2. 1 | 왕조별 《의궤》에 기록된 칼을 들고 추는 춤

정조 대 (1776~1800)	1795년 《원행을묘정리의궤》 헌선도, 금척, 수명명, 하황은, 쌍포구락, 쌍무고, 아박, 향발, 학무, 연화대, 수연장, **첨수무**
순조 대 (1800~1834)	1828년 《진작의궤》 초무, 광수무, **첨수무**, 처용무, 망선문, 경풍도, 만수무, 헌천화, 춘대옥촉, 보상무, 향령무, 영지무, 박접무, 침향춘, 춘앵전, 춘광호, 첩승무, 최화무, 가인전목단, 무산향, 고구려무, **공막무**, 무고, 향발, 아박무, 포구락, 연화무
헌종 대 (1834~1849)	1848년 《진찬의궤》 장춘보연지무, 가인전목단, 관동무, 몽금척지무, 무고, 보상무, 선유락, 아박무, 포구락, 차황은, 향령무, 헌선도, **검기무**, 처용무, 춘앵전
고종 대 (1863~1907)	1877년 《진찬의궤》 헌선도, 하황은, 포구락, 무고, 선유락, **검기무**, 가인전목단, 보상무, 향령무, 몽금척, 아박, 장생보연지무, 춘앵전, 수연장, 연화대무, 학무, 연백복지무, **첨수무**, 무산향, 사자무, 향장무, 제수창, 헌천화, 초무, 침향춘, 만수도, 경풍도

무의 유례와 관련이 있다. 상고 때부터 한말에 이르기까지의 문물제도를 총망라하여 분류 정리한 《증보문헌비고增補文獻備考》와 《동경잡기》에 따르면 검무의 유래는 다음과 같다.

신라 소년 황창랑이 칼춤으로 이름을 날리자, 백제왕이 그를 불러 검무를 보았는데, 황창랑이 검무를 추다가 백제왕을 칼로 찔러 죽이고 황창랑 역시 잡혀 죽었다. 신라 사람들이 그의 죽음을 애도하고 그의 용모와 닮은 가면을 만들어 쓰고 그의 춤을 모방하여 춤 었다.[2] _ 〈검무지희〉, 《동경잡기》

조선 후기 세시기에서도 이와 유사한 기록이 다수 발견된다. 왕을 찔러 죽인 황창랑의 이야기를 토대로 구사하는 칼춤의 구성과 형상이 국가의 축하행사에서 자주 모습을 드러내기는 어려웠을 듯하다. 다만 황창랑의 이야기가 워낙 유명한 고사였기 때문에, 약간씩 다른 이름으로 의궤의 기록에 남게 된 듯하다. 또한 이 춤에 담긴 이야기와 궁중이라는 배경을 고려해 볼 때, 무기인 검을 들고 추는 춤 역시 조신한 분위기를 풍기는 궁중 정재의 일면을 닮았을 것으로 예상된다. 그렇다면 동시대에 좀 더 자유롭고 역동적인 움직임이 일어났던 교방에서 검을 들고 추는 춤은 어떤 모습이었을까?

교방문화 속 '강남 스타일'

서두에서도 언급했듯이 검무를 둘러싼 용어 중에 '일무釼舞'가 있다. 이 용어는 선조 대인 1603년에 편찬된《성천지成川誌》(평안도 성천의 읍지) 음악 항목에서 발견된다. 전통사회에서 음악은 가·무·악을 포함하는 종합적인 예술체의 의미를 가졌기 때문에 이 음악 항목에 초무初舞·포구抛毬·향발響撥·아박牙拍·무수舞袖·무동舞童·처용處容·여무女舞·일무釼舞·학무鶴舞·사자獅子·발도가撥棹歌 등 춤과 관련된 종목도 포함되어 있다.

일무를 자세히 살펴보면, 우선 한자어 '일釼'은 金(쇠 금)과 刃(칼날 인)이 합쳐진 것으로, 현대의 사전적인 풀이는 '칼이나 송곳 따위의 끝이나 날이 날카롭지 못하고 무디다'는 의미다. 교방의 춤과 관련된 옛 자료의 전후 관계와 도상 자료를 엮어서 볼 때, 일무는 조선 후기 교방에서 춤을 추기 위해 별도로 제작된 칼날이 무딘 칼을 들고 추는 검무라고 할 수 있다. 또한 17세기 초《성천지》음악 항목에 기입된 '일무'가 19세기 중순《교방가요》에도 '일무'로 표기되어 있는 것으로 보아, 조선시대 교방문화에서 검무가 꾸준히 인기를 끈 대표 종목임을 짐작할 수 있다.

일무의 용어 해석을 염두에 두고 다음 그림을 보자. 〈그림 2. 5〉는 한국 전통예술사 및 무용사에서 자주 등장하는 〈평양감

| 그림 2. 5 | 〈평양감사향연도〉 중 〈부벽루연회도〉 부분

사향연도〉이다. 김홍도金弘道가 그린 것으로 알려진〈평양감사
향연도〉는 평안도 관찰사 부임을 환영하기 위해 펼쳐진 잔치
장면을 담은 그림으로〈월야선유도月夜船遊圖〉·〈부벽루연회도
浮碧樓宴會圖〉·〈연광정연회도練光亭宴會圖〉세 폭이 파노라마식
으로 구성된 세로 71.2센티미터, 가로 196.9센티미터 크기의 대
형 작품이다.

　그중 우리나라 4대 루 중 하나인 부벽루에서 열린 연회를 담
은〈부벽루연회도〉에서 춤추는 모습, 특히 검무의 장면을 살펴
보자. 우선 그림에서 평양감사 앞에 놓여 있는 선반대와 그 앞
에서 절을 하는 여자들은 그 형상을 볼 때 '헌선도'를 추는 듯하
다. 그 뒤로 처용의 탈을 쓰고 검정·노랑·흰색·홍색·청색
의 도포 차림에 긴 천을 들고 있는 다섯 명은 '처용무'를 추고 있
으며, 무대 중앙에 설치된 포구에 무엇인가를 던지면서 노는 2
명의 여성은 '포구락'을 추고 있다. 그리고 그 아래로 긴 칼을
들고 도포를 입고 전립을 쓴 여인이 검무를 추는 장면이 보이
는데, 양손에 긴 칼을 쥐고 휘두르는 동작이 매우 역동적인 느
낌을 자아낸다. 무대 아래쪽 끝에는 큰 북을 놓고 네 명의 여자
들이 돌아가면서 북을 두드리는 북춤을 구사하고 있다. 그 외
에도 어린 동기들이 무대 중간에서 협무의 역할을 취하면서 동
시다발적인 공연을 펼치고 있다.

이 그림에 등장하는 춤의 종목은 17세기 초《성천지》에 실린 춤들과 유사하다. 즉, 17세기 초부터 19세기까지 평안도 교방에서는 포구락, 처용, 헌선도, 일무, 학무, 발도가, 배따라기 등의 춤을 추었으며 오랫동안 지속적인 연희가 이루어졌음을 짐작할 수 있다.

평안도 교방에서 추었던 춤 종목의 도상 기록 외에도 해당 춤에 대해 좀 더 구체적으로 기술한 기록물이 있다. 숙종 대 김창업金昌業이 쓴《연행일기燕行日記》(1712)가 그것이다. 여기에 검무 또는 칼춤에 관한 내용이 실려 있다.

> 어린 동기童妓 가학駕鶴과 초옥楚玉이 대무對舞 형식으로 검을 들고 춤을 춘 것이 그 시작인데, 이 춤이 전국적으로 유행하여 8도 관아의 모든 관기들이 제일 처음으로 이 춤을 헌정했다.[3] _《연행일기》

이 내용으로 미루어 볼 때, 당시 칼춤의 형상은 여자 두 명이 대무의 형식을 갖추었으며, 전국적으로 유행하여 모든 관아에서 귀한 손님을 위한 잔치나 또는 관의 여러 행사에서 이 춤을 공연했음을 알 수 있다. 다시 말해서, 끝이 무딘 검을 들고 추는 춤인 교방의 일무(칼춤)는 18세기 초반부터 연희가 펼쳐지는 모든 곳에서 공연되어 남녀노소 모든 이에게 사랑받았던 대표적

| 그림 2. 6 | 피바디에섹스박물관 소장 〈평양감사향연도〉 부분. 이 그림에서도 검무의 모습을 확인할 수 있다

인 춤이었다.[4]

일무(칼춤)의 인기는 경상도 교방에서도 마찬가지였다. 물론 이 지역의 관련 자료가 많지 않아 실상을 세세히 알기는 어렵다. 지역 읍지에도 경상도 지역의 교방 위치 및 단편적인 사실들만 기술되어 있을 뿐이어서,* 일본으로 가는 통신사** 일행

* 경상도 지역 읍지《밀지구지》와《김해읍지》에 교방에 대하여 간단하게 위치만 기술되어 있다.
** 통신사는 외교의례상 대등국 간에 파견하는 사절을 가리키며, 통신사행이 정

의 기록을 통해 경상도 교방의 춤 조각을 겨우 찾을 수 있다. 경
상도 쪽 교방에서는 주로 통신사를 위한 위로연이 많이 펼쳐졌
다. 조태억趙泰億이 자신의 문집인《겸재집謙齋集》에 경상도 관
찰사로 재직할 당시(1721) 보았던 경상도 교방의 대표 춤인 검무
를 다음과 같이 묘사하였다.

> 천년의 경주 흥망을 탄식하니 반월성과 첨성대는 반이나 황폐하
> 구나 오직 교방이 있어 옛 풍속을 전하니 춤은 쌍검에서 왔으니 황
> 창을 배웠도다. _ 〈겸재집〉

조태억은 자신이 경상도 지역에서 본 검무의 유래가 신라시
대 황창랑과 관련된 옛이야기이며, 해당 지역 교방에서 이 춤
이 전해지고 있다고 전하고 있다. 신라시대 황창랑의 설화는
뒤에서 자세히 다루기로 하고, 여기서 주목할 부분은 궁중의
검무처럼 지역 교방의 검무도 신라시대 황창랑의 옛이야기를
원 텍스트로 하며, 각각의 문화적 방식과 환경에 따라 다양한

례화하고 체계화되는 것은 조선 후기에 들어와서이다. 나카오 히로시·하우봉
외,《조선통신사 – 한일교류의 여러양상》, 2012, 보고사, 16~17쪽.

검을 들고 추는 춤으로 진화했다는 점이다.

《겸재집》외에도 숙종 37년(1711) 통신사 부사副使로 일본에 다녀 온 임수간任守幹의《동사일기東槎日記》에 각 지역의 기악妓樂을 묘사한 내용이 나온다. 임수간은 안동·의성·영천·경주·부산 등지에서 기악을 보았는데 향기들의 칼춤이 볼 만했고, 때로는 향기들에게 칼춤을 부탁했다고 하였다.[5] 김인겸金仁謙도 영조 40년(1764)에 쓴 〈일동장유가日東壯遊歌〉에서 "대구 기생 옥진 형제 황창무黃倡舞를 일등하네", "음식도 무던하고 검무도 보암직하다"라 평하였다. 같은 영조 대 문신인 이영익李令翊은 자신의 문집인《신재집信齋集》〈황창무〉에 황창랑에 대한 이야기와 함께 "영남 교방의 지금 이 춤이 희戲가 되어 전한다"[6]고 하였다.

검무에 관한 여러 기록 중에서 가장 상세하고 구체적인 묘사를 담고 있는 것은 박제가朴齊家의 〈검무기劍舞記〉이다. 박제가는 밀양 검무의 공연 실황을 아래와 같이 상세히 묘사하였는데, 그 생생함이 마치 눈앞에서 공연이 펼쳐지는 듯하여 내용이 길지만 전문을 소개한다.[7]

　기생 둘이 검무를 춘다. 융복戎服 입고, 전립氈笠 쓰고, 잠깐 절하고서 빙 돌아 마주 선 채 천천히 일어난다. 귀밑머리 쓸어 올리고 옷깃을 여민다. 버선발 가만히 들어 치마를 툭 차더니 소매를 치켜든다. 검은 앞에 놓였거만 알은체도 하지 않고 멋지게 회전하며 손끝만을 쳐다본다. 방 모퉁이에서 풍악이 시작되어 북은 둥둥, 저는 시원스럽다. 그제야 기생 둘은 나란히 앞에 나와 앞서거니 뒤서거니 한참을 논다. 소매를 활짝 펴고 모이더니 어깨를 스치고서 떨어진다. 그러더니 살포시 앉아서는 앞에 놓인 검을 쳐다본다. 집을 듯 집지 않고 아끼는 물건을 조심스레 다루듯, 가까이 가려다가 문득 물러나고, 손을 대려다가 주춤 놀란다. 물건을 줍는 듯, 물건을 버리는 듯, 검의 광채를 잡으려고 얼른 그 곁에서 낚아채기도 한다. 소매로는 휩쓸어 가려는지, 입으로는 물려는지, 겨드랑이를 깔고 눕다가 등으로 일어나고, 앞으로 기우뚱 뒤로 기우뚱거린다. 그러니 옷과 띠, 머리털까지 휘날린다. 문득 멈칫하여 열손가락 맥이 빠진 듯 쓰러질 듯 다시 일어난다. 춤이 막 빨라져서 손은 칼에 달린 끈을 흔드는가 하였더니 훌쩍 일어날 때 검은 간 데 없다. 머리를 치켜들고 던진 쌍검이 서리처럼 떨어지는데, 느리지도 빠르지도 않게 공중에서 앗아 간다. 칼날로 팔뚝을 재다가 헌거롭게 물러선다. 홀연 서로 공격하여 사납게 찌르는 듯 검이 몸에 겨우 한 치 떨어졌다. 칠 듯하다 아니 치고 서로 사양하는 듯, 찌르려다 아니 찌르니 차마 못하는 듯, 당기고는 다시 펴지 못하고 묶은 뒤엔 좀처럼 풀지 못한다. 싸울 적엔 네 자루요, 갈리니 두 자루다. 검은 기운이 벽에 어른거려 파도를 희롱하는 물고기의 형상 같다. 문득 갈라져 하나는 동에, 하나는 서에 선다. 서쪽 기생은 검을 땅에 꽂고 팔을 늘어뜨리고 섰는데 동쪽 기생이 달려든다. 검은 날개가 달린 듯 달려나가 서쪽 기생의 옷을 푹 찌르고, 고개를 쳐들고 뺨을 벗겨 내기도 한다. 서쪽 기생은 까딱 않고 선 채 얼굴빛도 바꾸지 않으니 옛날 영인伶人의 몸가짐 같다. 달려온 기생은 훌쩍 날뛰며 용맹을 뽐내고 무예를 자랑하다가 돌아간다. 서 있던 기생이 그를 쫓아가 보복한다. 처음에는 히죽히죽 말이 웃듯 부르르 떨더니 문득 성난 멧돼지처럼 고개를 숙이고 곧바로 달려든다. 질풍폭우를 무릅쓰고 내달리는 용사와도 같다. 그러나 정작 곁에 가서는 싸우려다 싸우지도 못하고, 말자 해도 말지 않는다. 두 어깨가 슬쩍 부딪치더니 각자가 불의에 서로 발꿈치를 물고 돌아가는 모양이 마치 지도리를 박은 무슨 물체가 도는 듯하다. 어느새 아까 동쪽에 있던 기생은 서쪽으로, 서쪽에 있던 기생은 동쪽으로 위치를 바꾼다. 일시에 함께 몸을 돌려 이마를 마주 부딪고 위에서는 넘실넘실 춤추고 아래에서는 씩씩거린다. 싸움 때문에 검광이 현란하여 낯이 보이지 않는다. 혹은 자기 몸을 가리켜서 솜씨를 뽐내기도 하고, 혹은 부질없이 허공을 안으면서 온갖 태도를 다한다. 사뿐사뿐 걷다가 날름 뛰어 땅을 밟지도 않는 듯하고, 걸음을 늘였다 줄였다 하여 미진한 기운을 뽐낸다. 무릇 치는 동작, 던지는 동작, 나아가는 동작, 물러나는 동작, 위치를 바꾸어 서는 동작, 스치는 동작, 떨어지는 동작, 빠른 동작, 느린 동작이다. 음악의 장단에 따라 합치됨으로써 멋을 자아내었다. 이윽고 쟁그랑 소리가 나더니 검을 던지고 넙죽 절했다. 춤이 다 끝난 것이다. 온 좌석이 텅 빈 것 같이 고요하여 말이 없다. 음악이 그치려는지 여음이 가늘게 흔들리며 소리를 끌었다. 검무를 시작할 때는 절을 하고 왼손을 가슴에 대고 바른손으로 전립을 잡는다. 더디게 일어나는 자태가 몸을 이기지 못할 것 같으니 이것이 시조리始條理다. 귀밑머리가 흐트러지고 옷자락이 어수선하게 나풀거리며 순간 몸을 뒤집으며 훌쩍 검을 던지는 것이 종조리終條理다. _ 〈검무기〉

검무의 역동적인 연출과 동작을 그대로 재현할 수 있을 만큼 글의 묘사가 매우 돋보인다. 더 놀라운 점은, 박제가의 〈검무기〉 내용을 그대로 그림으로 옮겨 놓은 듯한 동시대 작품이 있다는 것이다. 바로 신윤복의 〈쌍검대무雙劍對舞〉이다(〈그림 2. 7〉).

〈쌍검대무〉는 검무를 소개할 때마다 제시되는 대표적인 그림이다. 마치 박제가의 〈검무기〉를 읽고 그린 것처럼, 또는 같은 검무의 동일한 장면을 문장가인 박제가와 화가인 신윤복이 각자의 방식으로 표현한 듯, 두 작품의 검무 묘사는 매우 닮아 있다. 두 사람이 조선 후기 역동적인 검무의 예술성을 그대로

| 그림 2. 7 | 신윤복, 〈쌍검대무〉

담아 우리 앞에 펼쳐 놓은 것만 같다. 특히 박제가의 〈검무기〉는 당대 교방 문화에서 이루어진 검무의 모습을 현재에도 재현해 낼 수 있을 만큼, 글의 내용이 매우 사실적이고 구체적이며 입체적이다. 춤을 추는 동작, 검을 사용하는 동작 등을 섬세하게 묘사했을 뿐만 아니라, 그를 통해 연출되는 분위기와 춤추는 여자들 사이의 감정의 교감까지 전달하고 있다.

춤추는 여자들은 융복을 입고, 전립을 쓰고, 검을 자유자재로 쓰면서 용맹한 모습으로 무예를 자랑하고 있는데, 그 모습은 신윤복의 〈쌍검대무〉 장면과 유사했을 것이다. 검을 들고 맹렬하게 싸우는 전투의 장면을 아름다운 여성들의 검무로 연출했던 것이다. 즉, 검무는 아름다운 여성들이 뿜어 내는 반전의 드라마이자, 역동의 재미를 선사하는 이야기가 있는 춤이었다. 이처럼 색다른 묘미를 전달했기에 평양에서 영남에 이르기까지 전국적으로 오랫동안 가장 유명한 볼거리로 인기를 얻으며 급부상했던 것이다.

이처럼 모든 지역에서, 모든 사람들이 열광하고 좋아했던 검무를 추었던 여성들은 어떤 사람들이었을까? 그들을 재조명하고 싶지만 아쉽게도 이 춤들을 췄던 여성들에 대한 기록은 검무의 인기와 명성에 비해서는 거의 알려진 바가 없다. 다만 조선 후기 문인 신국빈申國賓이 남긴 시 두 편에서 그들의 일면을 엿볼 수 있다.

　　〈1편〉 연아煙兒가 스물에 장안에 들어가
　　　　　가을 연꽃처럼 춤을 추자 일만 개의 눈이 서늘했지
　　　　　들으니 청루青樓에는 말들이 몰려들어
　　　　　젊은 귀족 자제들 쉴 새가 없다지

　　〈2편〉 호서 상인의 모시는 눈처럼 새하얗고
　　　　　송도 객주의 운라 비단은 값이 얼만가?
　　　　　술에 취해 화대로 주어도 아깝지 않은건
　　　　　운심의 검무와 옥랑의 거문고뿐이라네

　이 시에서는 기생妓生, 관기官妓, 향기鄕妓, 동기童伎 등과 같은 일반명사로서만 기입되었던 그녀들이 드디어 고유명사로서 존재를 나타낸다. 〈1편〉에서 연아의 춤이 정확하게 어떤 춤인지는 알 수 없지만 수많은 사람들이 그것을 보기 위해 청루青樓(푸른 색칠을 한 누각, 기생집)로 모인 듯하다. 〈2편〉에서는 운심이의 검무와 옥랑의 거문고 공연이 어떠한 대가의 지불도 아깝지 않을 만큼 훌륭하다고 말하고 있다.
　안타깝게도 검무를 춘 여성들에 대해 구체적으로 알 수는 없지만, 분명한 것은 조선 후기 평양 교방에서부터 경남 일대 교방에 이르기까지 검무가 연희의 중요한 레퍼토리였다는 점이다. 그 레퍼토리는 신라시대 황창랑의 설화인 〈검무지회〉의 내용이 접목된 극적 요소의 이야기를 가지고 있었고, 그 표현이 매우 역동적이고 반전의 드라마를 보여 주었을 것으로 추측된다. 또한 싸움의 고수처럼 대항하고 견주는 이야기와 검술의 동작을 아름답고 젊은 여자들의 춤으로 승화시켰다는 그 자체만으로도 관객의 호기심을 이끌어 내기에 충분했을 것이다. 검무를 추는 여성들의 인기 역시 대단했을 것으로 짐작된다.

18세기 교방에서 추었던 검무에 관한 내용이 이 정도라면, 19세기에 이르러서는 교방 가무악의 기록들을 별도의 책으로 만들기도 하여 좀 더 구체적으로 실상에 접근할 수 있다. 그 대표적인 책이 바로 정현석이 편찬한 《교방가요》이다. 이 책을 통해 경상남도 교방의 가무악에 관한 비교적 상세한 글과 그림 자료를 확인할 수 있다. 정현석이 김해부사를 지내던 고종 9년 (1872)에 편찬한 이 책은 지방 교방문화의 대표적인 보고서 중 하나다. 《교방가요》에 수록된 교방의 가·무·악은 진주 촉석루의 〈의암별제가무義嚴別祭歌舞〉(논개를 기리기 위한 노래와 춤)를 제외하고는 진주·김해 등 경상도 지역에서 이루어진 일반적인 공연물이었다는 점에서,[8] 이 책이 지닌 무용학적 의미는 크고 깊다.

옛날의 춤들을 오늘날 만난다는 것은 불가능한 일이다. 춤은 실체성과 현장성을 가지고 있기 때문에 그때 추었던 그 춤을 지금 춘다고 해도 그것이 진짜 그 춤은 아니다. 춤에 관한 사적 연구는 늘 많은 추측과 가설이 붙을 수밖에 없다. 그런 측면에서 당대의 춤을 최대한 자세히 기록한 《교방가요》는 우리의 추측과 가설에 큰 힘을 보태 주는 기둥과도 같다.

《교방가요》의 총목總目에는 14개의 무곡이 수록되어 있다. 14개 종목은 육화대六花隊, 연화대蓮花臺, 학무鶴舞, 헌선도獻仙桃, 고무鼓舞, 포구락抛毬樂, 일무釖舞, 선악船樂, 항장무項莊舞, 의암가무義巖歌舞,* 아박무牙拍舞, 향발무響鈸舞, 처용무處容舞, 승무僧舞이다. 이 중 육화대, 연화대, 학무, 헌선도, 무고(고무), 포구락, 아박, 향발, 처용무 9종목은 조선 전기(성종 24)에 편찬된 《악학궤범樂學軌範》의 궁중춤과 이름이 유사하다. 이는 지방 교방에서도 지역에서 벌어지는 국가 행사에 궁중춤과 같은 정재를 펼쳤다는 것으로 해석할 수 있다. 또한 《교방가요》에서도 평

---

* 의암가무는 진주 촉석루에서 이루어지는 지방 고유의 제의적 성격을 띤 연희 중 하나이다.

| **그림 2. 8** | 《교방가요》, '일무' 편

양 교방 관련 문서에서 나왔던 '일무'가 나오는 것을 보아, 경상도 일대 교방에서도 검무를 일무로 명명하였음을 알 수 있다.

또한 《교방가요》에 수록된 일무 그림을 보면(〈그림 2. 8〉), 궁중의 검무 형식과 내용을 준수했을 것으로 추측할 수 있다. 다시 말해 박제가의 〈검무기〉와 신윤복의 〈쌍검대무〉에서 보이는 검무의 분위기나 양상과는 차이가 있는 궁중 정재 스타일의 검무인 것이다. 궁중의 의례나 국가 행사를 위해 연희된 검무는 정적인 동작과 엄숙한 분위기를 자아내는 스타일이었고, 지방 교방의 사객연이나 공식적인 행사에서도 이와 유사한 맥락으로 연희되었을 가능성이 높다. 이와 달리 좀 더 민간적이면서 사적인 공간에서 펼쳐진 또 다른 검무의 양상은 아마도 박제가와 신윤복이 묘사한 반전의 매력을 지닌 역동적인 춤이었을 것이다.

| 그림 2. 9 | 김준근, 〈기생검무하고〉

　결국 지방의 교방은 국가의 공적 행사를 지역에서 위임받아 연향과 공연을 수행하는 동시에 민간 연희에서도 중요한 역할을 담당한 것으로 보인다. 궁중 예악과 민간 유희의 교집합 역할을 한 곳이 바로 교방인 것이다. 그리고 두 가지 스타일의 검무 중 조선 후기 대유행했던 것은 민간의 자리에서 좀 더 자유롭게 펼쳐진 검무였을 가능성이 높다. 그러한 검무의 풍경을 당대의 문장가와 화가가 담으려고 했음을 앞의 시와 그림을 통해서 엿볼 수 있다. 그렇다면 당시 대유행했던 검무의 풍경을

민중들은 어떻게 담고 있을까?

민중에 퍼진 칼춤의 옛이야기

옛춤의 기록을 찾고, 그 기록을 토대로 춤을 연구하고 관련된 글을 쓴다는 것은 궁극적인 한계를 지닐 수 밖에 없다. 조선 후기 민중에서 펼쳐진 검무에 대해서도 마찬가지다. 글을 쓰고 기록을 남기는 데 있어 많은 한계를 지닌 시대였기에 무형적 예술인 검무에 대한 기록 역시 찾기 어렵다. 여기서는 민간의 삶과 문화를 전하는 세시기《동경잡기》를 통해 검무 기록의 작은 조각을 제시해 본다.

조선 현종 대 편찬된《동경잡기》는 신라의 고도 경주의 읍지에서 유래했기 때문에, 유독 신라시대의 사실이 풍부하게 담겨 있으며, 춤 역시 신라시대에 관한 내용이 많다. 〈처용가무處容歌舞〉·〈검무지희劍舞之戲〉·〈어무상심御舞祥審〉·〈도파가都波歌〉가 대표적이다. 이 중 신라시대의 〈검무지희〉는 조선 후기까지 전승되어 온 칼춤의 문화적 원형이라고 볼 수 있다. 물론 검을 들고 추는 움직임 또는 춤의 행위는 신라시대 이전부터 있었을 수 있다. 다만 그것을 논증해 줄 수 있는 기록이

| 그림 2. 10 | 《동경잡기》

분명하지 않기 때문에 신라시대 칼춤에 관한 기록에 집중할 수
밖에 없다.

《동경잡기》, 〈검무지희〉에는 신라 사람인 황창랑이라는 인물
이 나온다. 전설에 의하면 그가 나이 7세에 백제의 시가市街로
들어가 칼춤을 추니 구경꾼이 담처럼 둘러섰다고 한다. 백제의
왕이 그의 소문을 듣고는 불러 당에 올라 칼춤을 추라고 명했
다. 황창랑은 칼춤을 추다가 백제 왕을 찔렀고, 그러자 백제 사
람들이 그를 죽였다. 신라 사람들이 그를 가엾게 여겨 그의 형
상을 본떠서 가면을 만들어 칼춤을 추었고, 그것이 조선 후기까
지 전해 내려왔다는 것이다. 검무와 관련한 이 내용은 조선 후
기 무예훈련 교범인《무예도보통지武藝圖譜通志》에서 신라시대

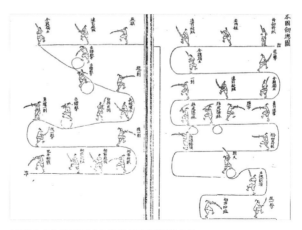

| **그림 2. 11** | 《무예도보통지》에 수록된 본국검 동작

화랑도의 검술로 소개된 '본국검本國劍法'의 내용과 흡사하다.

　검으로 왕을 살해했다는 내용으로 인해서, 효종孝宗이 후원에서 무예 재주를 시험할 때 이상진李尙眞이 황창랑의 검무 일화를 들면서 임금이 너무 가까운 곳에서 관람하는 것은 위험하다고 간언하기도 했다. 이와 비슷한 내용이 《현종실록》 현종 5년(1644)조에 기록되어 있다. 다산 정약용丁若鏞의 《다산시문집》 중 〈무검편증미인舞劍篇贈美人〉이라는 시에서도 "서라벌의 여악女樂은 동토東土 으뜸인데, 황창무보黃昌舞譜는 예로부터 전해오네"라는 글이 있다. 더불어 《동경잡지》의 〈검무지희〉에서도 검을 들고 추는 춤이 신라 경주에서 유래한다고 말하고 있다.

이러한 기록들은 검무가 조선 후기까지 당대 최고의 대중적인 문화로 전승되었음을 시사한다. 기록들이 다소 단편적이고 표층적이지만, 검무가 신라시대 설화 같은 이야기를 시작으로 하여 조선 후기까지 여러 갈래, 여러 층에서 다양하게 글과 그림으로 묘사될 만큼, 역동적이고 인기가 많았던 춤이었음을 알 수 있다.

역동적인 반전 드라마의 미학

다시 정리해 보면, 검을 들고 추는 춤에 관한 기록은 다른 춤에 비해 좀 더 이른 시기인 삼국시대부터 그 모습을 드러냈다. 또한 춤이 지닌 스토리, 반전의 미학들로 인해서 검을 들고 추는 춤은 오랫동안 꾸준히 사랑을 받았다. 다만 춤의 형태와 동작의 구성은 긴 시간 속에서 다양하게 변형되고 발전되었을 것이다.

특히 춤의 정형화와 엄숙함이 강한 궁중춤에 비해서 조선 후기 교방과 민중에서 펼쳐진 검무의 춤 스타일은 매우 다양하고 역동적이면서 반전의 드라마 같은 분위기를 자아냈을 것이다. 전국 8도에서 추었을 뿐 아니라, 많은 사람들이 일부러 찾아와서 볼 만큼 가히 독보적인 위치에 있었던 검무는, 정적이고 상체 중심의 기존 춤들과는 분명 달랐을 것이다. 즉, 삼국시대부터 전해져 오는 황창랑의 〈검무지희〉 스토리가 시대 흐름 속에서 구전되다가 조선을 기점으로 궁중·민중·교방의 문화와 기술, 춤을 추는 사람에 따라서 질적 성장과 양적 팽창을 거듭하며 진화한 것이다.

이런 춤들은 근대에도 꾸준히 전승되어, 1960년대에는 국가무형문화재로 지정되면서 한국을 대표하는 명실상부한 전통춤으로 자리매김한다. 물론 8도로 퍼진 검무는 궁중검무, 평양검무, 진주검무 등 다양한 이름으로 명명되며 지역성과 다양성을 보여 주기도 한다. 현재는 진주검무만 국가무형문화재로 지정된 상태이다. 당시 진주검무 보유자로 인정된 사람은 김천흥·박헌봉·유기룡 등이다. 현재 우리가 접할 수 있는 검을 들고 추는 춤은 주로 궁중춤 중심의 흔적들이다. 궁중춤은 아무래도 보존을 중시하여 형태를 유지하려는 특성을 지니고 있기 때문이며, 아울러 조선의 '마지막 무동'으로 일컬어지는 김천흥 선생님의 꾸준한 전승 활동이 있었기에 궁중 검무의 존립이 가능했다.

필자는 대학교 1학년 때 새벽 특강에 오신 김천흥 선생님을 뵌 적이 있다. 사실 그때는 김천흥 선생님이 조선의 마지막 무동으로서 근세와 근대, 그리고 현대에 이르기까지 전통 궁중 검무을 추고, 그것을 전승해 주는 유일한 분임을 알지 못했다. 다

| **그림 2. 12** | 조선의 마지막 '무동' 김천흥의 생전 공연 모습

만 분명한 것은 그 작은 체구에서 '척척, 척척…' 소리를 내며 휘 둘렀던 칼 동작의 힘이 어린 우리들보다 훨씬 더 지속적이고 강 했다는 점이다. 아흔 살 가까운 노장의 칼춤은 그렇게 강하고 깊은 생명력을 갖고 있었다. 평생 궁중춤을 추면서 생긴 강한 근력과 내공, 그리고 그 춤을 후대에 전해야 한다는 사명감 이 아흔의 김천흥 선생님을 어린 무동처럼 춤추게 했던 것 같다.

비정상적인 근대의 수용과 결절의 역사적 배경, 한국전쟁의 아픔 속에서도 꿋꿋하게 검무의 길, 춤의 길을 걸어온 춤추는 사람들이 있었기에 오늘날의 검무가 존재할 수 있었다. 전통 사회로부터 내려온 검무를 재현하고 있는 그들의 모습을 담은 사진을 소개하면서 이 글을 마친다.

| **그림 2. 13** | 궁중 검무 동작으로 춤을 추는 모습을 담은 사진엽서

| **그림 2. 14** | 경성 명월관 본점 연회장 무대에서 검무 동작을 취하고 있는 춤추는 여성들

| 그림 2. 15 | 검을 어깨에 맺고 뿌리는 동작을 시연하고 있다

| 그림 2. 16 | 악사와 함께 공연하고 있는 검무 추는 여자들

제3장

춤과 북

북은 인류의 탄생과 역사를 같이해 왔다고 해도 과언이 아니다. 그래서 그런지 북을 두드리는 형태의 춤은 다른 어떤 도구를 사용하는 춤보다 더 많고 다양하다. 사냥을 위해 서로 교신하는 기능, 신을 향한 기원의 전달, 유희를 위한 효과 등에 사용된 북과 인간의 움직임이 조화를 이루며 수많은 북춤의 장르와 형태가 탄생하였다. 우리 역사에서 북이 언급된 최초의 기록은 3세기 무렵으로 거슬러 올라간다.

무고舞鼓, 춤추는 북

앞서 살펴보았듯, 3세기경부터 북만주 일대에 자리 잡았던 부족국가 부여에서 추수 후에 많은 사람이 한자리에 모여 노래와 춤을 즐기며 벌인 제천행사의 명칭은 '영고迎鼓'이다(맞을 영

迎, 북 고鼓). 이때 북을 두드리면서 행사의 분위기를 한껏 고조시켰을 것이고, 그때의 북소리와 함께 펼쳐진 행위들은 그 자리에 함께한 모든 사람이 초월적인 것을 맞이하는 퍼포먼스였을 것이다. 그래서 《삼국지》, 〈위서〉, '동이전'에 기록된 부여의 영고를 《무형문화재 보고서》 제130호에서는 한국 북춤의 도입 시기로 추정하고 있다.

물론 이 기록만으로는 북춤의 정확한 기원과 구체적인 형상을 제대로 파악할 수는 없지만, 영고가 북춤과 관련된 가장 오래된 기록이라는 점과 오락적 요소가 가미된 총체적인 예술 양상이라는 점은 어느 정도 추정이 가능하다. 이러한 대동적 북놀이는 오늘날 동제洞祭(마을을 지켜주는 동신洞神에게 마을 사람들이 공동으로 기원하는 제의)의 원류이자 민속춤의 모체로도 해석될 수 있다.

이러한 추측은 이후 북춤 관련 자료들을 통해 좀 더 선명하고 사실적으로 드러난다. 그 대표적인 자료가 《고려사高麗史》, 〈악지樂志〉이다. 〈악지〉는 조선조 세종 때 정인지 등이 왕명으로 편찬한 고려시대 역사서인 《고려사》 가운데 권70과 권71에 수록된 음악에 관한 기록물이다. 〈악지〉는 고려의 아악雅樂(궁중의식에서 사용된 전통음악) · 당악唐樂(중국 당나라 때의 음악) · 속악俗樂(고려시대에 향악을 일컫는 이름)의 가무희에 대한 자세한 정보를 담고 있어 그 실상을 파악하는 데 중요한 자료이다.

《고려사》〈악지〉 '악기樂器' 편에 현금玄琴·비파琵琶·가야
금伽倻琴·대금大琴·장고杖鼓·아박牙拍·무애無㝵·무고舞
鼓·해금奚琴·필률觱篥·중금中笒·소금小琴·박拍이 기재되어
있고, 이어서 '속악俗樂'에 해당하는 춤 작품과 그에 따른 설명이
시작되는데 그 첫 작품으로 '무고舞鼓'의 내용이 적혀 있다.

'무고'는 '춤추는 북'이다. 춤춘다는 동사와 악기명이 결합한
이 용어를 통해 당시 북을 사용한 춤이 하나의 종목으로 존재
했음을 알 수 있다. 또한 그 춤의 분류가 속악에 해당되었는데,
이때의 속악은 민속악에 가깝다. 즉, 삼국시대 및 고려시대 음
악에 관한 기록을 담은《고려사》〈악지〉는 악기로서의 무고舞
鼓와, 춤 작품으로서의 무고舞鼓를 함께 제시하고 있는 것이다.

이후 17~18세기에 편찬된 역사서에서도 무고에 관한 기록을
만날 수 있다. 대표적으로 조선 광해군 대 심광세가 지은 역사
책《해동악부海東樂府》, 조선 영조 대 안정복이 고조선부터 고
려 말까지를 다룬 역사책《동사강목東史綱目》, 이익의 글을 모
아 엮은《성호사설星湖僿說》등이 있다. 17세기 초반의《해동악
부》,〈무고〉 편을 먼저 살펴보자.

고려 시중侍中 이혼李混이 영해寧海로 귀양 갔을 때 바닷가에서

부사浮査를 얻어 그것으로 무고를 만들었는데 그 소리는 굉장했다. 그 춤은 즐겁게 돌아가는 것으로, 펄렁펄렁 한 쌍의 나비가 꽃을 감도는 것 같고, 용감스럽게 두 마리의 용이 구슬을 다투는 것 같다. 악부樂府에서는 가장 기묘奇妙한 것이다.[1] _ 《해동악부》

무고의 시원으로 물 위에 떠다니는 뗏목을 활용하여 악기 '무고'를 만들었다는 것, 그리고 춤으로서 무고의 심미적 특성을 제시하였다. 이 내용은 축약되어 18세기 초반의 《동사강목》 제13장과 《성호사설》 제15권에서도 언급된다. 즉 무고는 물 위에 떠다니는 나뭇조각의 형상에서 착안한 '무구舞具' 또는 '악기'의 의미로 명명命名되었으며, 오랜 기간 동안 궁중 향악 정재呈才(궁중 안의 잔치 때에 벌이던 춤과 노래)의 대표적인 춤으로 전승된 것이다.

여기서 주목할 점은, 궁중 및 기득권 계층의 기록에 등장하는 무고가 정재의 춤 종목으로 연희되다가 조선 후기로 가면서 지방의 교방춤으로 진화된다는 점이다. 궁중 정재로서 무고가 지방의 교방춤으로 유입되어 전승되면서 북의 고鼓와 춤의 무舞가 결합된 북춤으로서의 '고무鼓舞'로 전해진다. 대체로 궁중에서는 춤추는 북이라는 의미의 '무고'로, 교방에서는 북춤이라는 뜻의 '고무'로 명기된 것이다.[2]

궁중에서의 '무고舞鼓'

먼저 의궤를 중심으로 조선 후기 왕조별 궁중의 북춤에 관한 기록을 살펴보자. 가장 오래된 국연 의궤는 인조 8년(1630) 3월 22일 인목대비의 장수를 축원하는 궁중잔치를 기록한《풍정도감의궤豊呈都監儀軌》이다. 이 기록에 춤 곡명은 나와 있지 않지만 헌선도獻仙桃·수연장壽延長·금척金尺·봉래의蓬萊儀·연화대蓮花臺 ·포구락抛毬樂·향발響鈸/四數·무고舞鼓/三數·처용무處容舞 등 아홉 종목의 춤이 낙점되어 연희되었다고 하였다. 여기서 '무고'의 존재를 확인할 수 있다. 이후 18세기 숙종 대부터 19세기 고종 대까지 춤 종목과 무곡舞曲 명이 제시되어 구체적인 국가적 연향의 절차 및 편성의 규모를 가늠할 수 있다. 각 의궤 속 무고의 기록은 〈표 3. 1〉과 같다.

의궤의 기록을 통해 숙종과 영조 대에 무동이 궁중의 무고를 추었음을 알 수 있으며, 그 내용 또한 거의 유사하여 대략 반세기 동안 무고의 형식과 내용이 큰 변화 없이 전승되었음을 알 수 있다. 그리고 정조 대에 검무를 포함한 14개의 춤 종목이 등장하는데, 이때의 행사 모습을 담은 〈봉수당진찬도〉를 살펴보면 '무고'가 쌍무고 형식으로 연출된 것을 확인할 수 있다(〈그림 3. 1〉). 궁중에서 열리는 행사의 규모 및 목적에 따라서 궁중의 정재 또한 유연한 연출이 가능했을 것이다. 〈봉수당진찬도〉를 보면 한눈에 담기에도 넘칠 정도로 행사 규모가 커서 쌍무고뿐만 아니라 포구락에 사용되는 '포구' 또한 두 개가 설치되어 있고, 선유락에 참여한 인원 또한 굉장히 많다.

　이러한 춤 연출의 시도는 효명세자 때 더욱 활발하게 이루

| 표 3. 1 | 18~19세기 궁중 의궤로 본 북춤의 기록

숙종 대 (1674~1720)	1719년 《진연의궤進宴儀軌》 초무, 아박, 향발, **무고**, 광수, 처용
영조 대 (1724~1776)	1744년 《진연의궤進宴儀軌》 초무, 아박, 향발, **무고**, 광수, 처용
정조 대 (1776~1800)	1795년 《원행을묘정리의궤園幸乙卯整儀軌》 헌선도, 금척, 수명명, 하황은, 포구락, **무고**, 아박, 향발, 학무, 연화대, 수연장, 처용무, 첨수무
순조 대 (1800~1834)	1828년 《진작의궤進爵儀軌》 망선무, 경풍도, 만수무, 헌천화, 춘대옥촉, 보상무, 향령무, 영지무, 박접무, 침향춘, 춘앵전, 춘광호, 첩승무, 최화무, 가인적목단, 무산향, 고구려무, 공막무, **무고**, 향발, 아박무, 포구락, 연화무
헌종 대 (1834~1849)	1848년 《진찬의궤進饌儀軌》 장생보연지무, 가인적목단, 관동무, 몽금척, **무고**, 보상무, 포구락, 아박무, 선유락, 하황은, 향령무, 헌선도, 검기무, 처용무, 춘앵전
고종 대 (1863~1907)	1877년 《진찬의궤進饌儀軌》 장생보연지무, 몽금척, 헌선도, 수연장, 향령무, 아박, 보상무, 가인적목단, 연백복지무, 첨수무, 무산향, 선유락, **무고**

| 그림 3. 1 | 〈봉수당진찬도〉 부분

| 그림 3. 2 | 〈무신진찬도〉 부분

어졌다. 다만 궁중이라는 특수한 환경과 제도권 안에서 헌정의 의미로 추는 정재는 타 장르 춤에 비하여 춤 원형을 보존하려는 노력이 강한 편이었고, 그런 측면에서 고려시대부터 조선 후기까지 궁중 정재로서의 무고는 그 명맥을 잘 유지해 왔다. 그에 비해 교방은 열린 구조와 다양한 행위자들로 인하여 춤의 변화가 눈에 띄는데, 북춤의 경우도 예외는 아니었다.

교방에서의 '고무鼓舞'

조선조 궁중의 공연문화는 핵심 기관인 장악원掌樂院(조선시대 궁중에서 연주하는 음악과 무용에 관한 일을 담당한 관청)의 역할이 큰 부분을 차지했다. 그에 비해 지방의 공연은 앞에서도 살펴보았듯 교방이 주도하였다. 특히 조선 후기 교방은 향기를 중심으로 선상기 제도가 실행되었다. 이는 궁중의 중요한 의례나 연향이 필요할 때마다 지방 관아의 향기 중에 우수한 이를 선발하여 궁중으로 입역入役시키고, 해당 역役이 끝나면 원래 소속으로 돌려 보내는 제도였다. 이 제도로 인해서 교방은 궁중과 지방의 춤 문화를 교류할 수 있었던 중요한 매체 역할을 했고, 그 교류의 중심에는 북춤도 포함된다. 다만, 교방 북춤에 관한 직접적인 기록이 많지 않아 교방과 관련된 읍지 · 연행록 ·《교방가요》 등을 최대한 고려하여 북춤의 기록을 찾아보려 한다.

연행로의 주요 거점이었던 평양에서는 18세기 이전부터 교방에서 관기들이 북춤을 추었다. 조선 선조 대 서장관 허봉이 명나라에 다녀와서(1574) 기록한 사행일기《조천기朝天記》에 따르면, 평양에서 궁중의 진찬進饌 형식과 유사한 포구捕球 · 향발響鈸 · 무동舞童 · 무고舞鼓가 등장했다고 한다. 선조 13년(1590)에 편찬된 평양의 지리지《평양지平壤志》에서는 포구락抛毬樂 · 고무鼓舞 · 처용處容 · 향발響鈸 · 발도가撥棹家 · 아박牙拍 · 무동舞童 · 연화대蓮花臺 · 학무鶴舞 · 여민락與民樂 · 만전춘滿專春 · 감군은感君恩 · 보허자步虛子 · 쌍화점雙花店 · 한림별곡翰林別曲이 연희되었다고 하였다.

이 기록들을 통해 16세기 후반부터 교방에서 북춤이 연희되었음을 알 수 있고, 이러한 북춤을 지방 읍지에서는 '고무'로 기록하고 있음을 확인할 수 있다. 17 · 18세기 이후 교방 북춤에 관한 기록은 찾기 힘들지만 〈평양감사향연도〉의 여러 도상을 통해 북춤의 양상을 짐작할 수 있다. 18세기 중반 작품인 〈평양감사향연도〉의 〈부벽루연회도〉(〈그림 3. 3〉)에도 북춤이 포함되어 있다. 이 그림에서 1개의 북을 중심으로 4명의 관기가 북

| 그림 3. 3 | 〈부벽루연회도〉 부분

| 그림 3. 4 | 피바디에섹스박물관 소장 〈평양감사향연도〉 부분

을 치면서 춤을 추는 모습을 확인할 수 있다. 이와 함께 평양에
서 이루어진 연회의 춤 종목과 형식이 궁중 정재인 무고와 유
사하다는 16세기《조천기》기록을 감안할 때, 18세기 이후까지
도 궁중 식의 북춤이 교방 향기에 의해 전승되고 있음을 짐작

| 표 3. 2 | 19세기 교방 관련 기록으로 본 북춤

순조 대 (1800~1834)	1828년 박사호朴思浩의 《심전고》[3] 사자무, 학무, 아박무, 검무, **고무**, 헌반도, 처용무, 관동무, 포구락, 초한지
	1838년 만옹晚翁의 《선루별곡》 능파무, 포구락, 아박, 향발, **고무**, 무동, 헌반도, 처용무, 검무, 학무, 사자
헌종 대 (1834~1849)	1845년 《소수록》 해주기생 '명선'의 글[4] 돌아서니 북춤이요 던져 추니 구락이다. 서왕모 요지연에 반도에 올리는 듯 헌선도 한 자락을 가볍게 춤을 추고 홍문연 큰 잔치에 항장의 날랜 칼 이 한고조를 향하는 듯 항장무 춤을 추니 남철릭 붉은 갓에 기생 행색 고 이토다
고종 대 (1863~1907)	1871년 《관서읍지》〈교방敎坊〉[5] 포구락, **고무**, 처용, 향발, 발도가, 아박, 무동, 화대, 학무, 여민락, 만춘, 감 군은, 보허자, 쌍화점, 한림별곡, 서경별곡, 봉황음, 관서별곡
	1872년 《교방가요》〈총목總目〉[6] 육화대, 연화대, 학무, 헌선도, **고무**, 포구락, 검무, 선악, 항장무, 의암가무, 아박무, 향발무, 처용무, 승무

할 수 있다. 그리고 이후 19세기부터는 교방에서 연희된 북춤에 관한 기록이 〈표 3. 2〉와 같이 더욱 상세해진다.

〈표 3. 2〉를 보면, 교방 북춤이 전국적으로 오랫동안 연희되었고, 궁중의 무고와는 다르게 지역 교방에서는 '고무'로 명기되어 있음을 알 수 있다. 즉, 조선 후기에 이르러 북춤은 궁중에서는 '무고舞鼓'로, 교방에서는 '고무鼓舞'로 명명되어 연희되었음을 짐작할 수 있다. 특히 19세기에는 평안남도, 황해도, 경상남도에 이르는 전국 교방에서 '고무'라는 이름이 정착되어 성

행하기도 했다. 그렇다면 이러한 양상, 즉 궁정에서 교방으로, 수도에서 각 지방으로, 무고에서 고무로 이동된 이유는 무엇일까? 아마도 이것은 궁중의 연향 문화로 인해 '무고'는 그 명칭에 있어 고형을 유지해야 했고, 교방에서는 실제적 명칭을 살리고 옳은 표기법을 유지하라는 지방 명관의 지령[7] 등으로 인해 '고무'로 표기된 듯하다. 북춤의 한자 표기는 말 그대로 북의 '고鼓', 춤의 '무舞'를 사용하여 '고무'라고 하는 것이 바른 표기이기 때문이다. 그 전승 과정에서 교방 '고무'의 변용은 불가피한 현상이었으며 이에 대한 우려의 메시지* 또한 남아 있지만 오늘날 향제鄉制 문화의 발전 양상으로 분화되어 전승되었다. 그좋은 예로 진주고무와 동래고무를 들 수 있다. 각 춤이 전승될 수 있었던 문화 적 배경과 의미를 살펴보자.

《교방가요》와 진주고무

진주는 기생이 유명한 곳으로, 교방 역시 주요 기관으로서

---

* "포구, 향발, 무고의 재주는 시끄럽고 떠들썩하기가 어제보다 더욱 심하였다. … 그 춤의 진퇴하는 것은 경박하고 촉급하므로 똑바로 볼수가 없는데도."(監司張宴席 掛紛候於綾羅島 營軍官稱謝撰具進設 抛毬響鈸舞鼓之技 喧闐膠擾 此昨日尤甚)_《荷容集》〈朝天記〉上1, 甲戌年 五月 二十三日 丙申

주로 관아에 부속된 건물의 하나로 객사 주변 또는 서쪽 청방
廳房 앞에 자리 잡았다. 이는《교방가요》를 통해 더욱 분명해진
다. 앞의 검무에서도 보았듯,《교방가요》에 총 14개의 무곡이
수록되어 있는데 그중 '고무鼓舞'가 〈그림 3. 5〉와 같이 명기되
어 있다. 이것은 1493년에 제작된《악학궤범》의 궁중춤 '무고'
와도 관련성이 있고, 그 이름 또한 유사하다. 즉, 궁중춤의 북춤
이 교방춤으로서의 북춤으로 유입되었음을 한 번 더 시사하는
대목인 것이다.

　물론 궁중춤과《교방가요》에 수록된 춤 종목들은 내용 면에
서 차이가 있으며, 고려 때부터 전해 오는 궁중춤 '무고'와 진주
교방의 '고무' 또한 예외가 아니다. 이 둘은 주제와 맥락적 구

| 그림 3. 5 |　《교방가요》'고무' 편

조의 유사성을 유지하면서도 상이한 양상을 보인다. 유사성으로는 북을 중심으로 도는 회선回旋과 장구 장단에 맞춰 격고擊鼓하는 주요 형식과 구조 등을 들 수 있다. 그러나 교방의 고무는 궁중의 무고에 비해 북을 중심으로 돌 때 동작의 상하고저가 분명하고 역동성이 더욱 강했을 것이다. 이는 《교방가요》의 "북을 에워싸고 몸을 뒤집어서 치는데 북이 한 번 울릴 때마다 여러 기녀들이 '지화자'를 제창한다. 제창이 끝나면 몸을 한 번 뒤집을 때마다 한 번 치는데 여덟 개의 북채가 마치 번개와 같다"[8]라는 표현에서 짐작할 수 있다. 그리고 〈그림 3. 5〉의 고무 의상은 앞에 제시된 궁중 정재 양식인 〈봉수당진찬도〉의 무고와 교방 연희이지만 궁중 정재 양식으로 연희된 〈부벽루연희도〉의 고무 의상과는 차이점이 있다. 다시 말해서 《교방가요》의 고무 의상에는 북채를 덮는 한삼과 한복 위에 입는 융복을 착용하지 않고 있는데, 이 또한 춤 양식에 일정 부분 영향을 끼쳤을 것으로 보인다.

《교방가요》의 '진주고무'는 앞에서 논의되었던 궁중춤의 유입 가능성을 증명해 주는 기록이다. 더 나아가 궁중의 무고가 지방 관아로 유입되면서 지방색이 가미된 교방의 고무로 작업화되는 예술 진화의 발전 양상까지 보여 주고 있다.

연례송사年例送使와 동래고무東萊鼓舞

동래는 조선 후기 일본으로 가는 사행길의 마지막 지점이자 대일 무역의 중심지로, 통신사를 위해 위로연이 자주 열리는 곳이었다. 이 위로연에 수많은 기생*의 춤이 동원되었음은 당연하다. 그러나 검무에 관한 간략한 기록**이 있을 뿐 북춤에 관한 직접적인 사료는 찾기 힘들다. 따라서 기생, 교방, 연향에 관련된 문화사적 기록 등을 통해 동래고무가 형성될 수 있었던 환경과 의미를 찾아보려 한다.

'외교는 곧 의례'라고 한다. 국가 간 외교에서 의례의 중요성을 단적으로 표현한 말이다.[9] 조선통신사가 머무르는 마지막 지점이자 일본 국왕사國王使가 도착하는 첫 지점이 바로 동래였으니, 동래는 교환 지점이라고도 할 수 있다. 그곳에서 꽃을 꽂고 풍악을 울리는 '다례茶禮', 소동小童이 춤을 추는 '구례九禮' 등의 의례가 열렸는데, 광해군 4년(1612) 왜倭가 기생들의 춤

---

* 여기서 기생의 의미는 향기鄕妓로서 춤을 추는 여자를 칭하며, 무기舞技라고도 한다. 이 책에서는 기록에 따라 적절한 용어를 사용한다.

** 숙종 37년(1711) 통신사 부사로 일본에 다녀온 임수간任守幹의 《동사일기》에는 안동, 의성, 영천, 경주, 부산, 등지에서 기악妓樂을 보았는데 향기들의 칼춤이 볼 만했고, 때로는 향기들에게 칼춤을 부탁했다는 기록이 전해진다.

을 고집한 까닭에 동래부사 성진선이 계문啓聞하여 이를 처음 시행하였다고 한다.[10] 비록 고무에 관한 직접적인 내용은 아니지만 동래의 연향 규모와 춤 공연의 중요성을 시사하는 대목이다. 특히 외교 의례로서 기생 춤이 공연된 시점을 알 수 있는데, 이처럼 기생을 동원한 연향은 이후에도 지속적으로 이루어졌다. 이때 동래부 기생뿐만 아니라 인근의 밀양·경주의 기생들까지 동원되었고, 각종 악무로 성 전체가 떠들썩했다고 한다.[11]

동래부 기생의 규모는《동래부지東萊府誌》(1740)에 따르면 기생 수가 총 36명으로 본관비本官婢 19명, 사비寺婢 17명[12]이었다고 하고,《동래부사열》(1868)에서는 기생이 대략 30명 이상이었으며, 그중 선발하여 연향에 출연시켰다고 하였다. 동래부의 기생 구성은 궁중의 궁녀 구성과 유사하며 3명의 행수기생行首妓生과 20명의 기생, 그리고 바느질·세탁·차 등을 담당했던 기생 등으로 이루어졌다.[13] 즉, 평상시에는 동래부 예방에 소속된 관비로 있다가 연향이 있을 때마다 동원된 것이다. 이 같은 교방과 기생의 역할과 의미는 동시대 〈동래부사접왜사도東萊府使接倭使圖〉를 보면 더욱 분명해진다.

〈그림 3. 6〉은 앞줄 두 명의 동기童妓를 앞세워 검무 공연을 하러 가거나, 아니면 공연을 마치고 온 모습을 그린 것으로 보인다. 검무 의상으로서 상징성을 지닌 전립과 쾌자를 착용한 6

| 그림 3. 6 | 〈동래부사접왜사도〉 부분. 동기童妓와 전립을 착용한 기생의 모습을 확인할 수 있다

명의 여자들은 공연의 행위자로 볼 수 있다. 동래가 속한 경상도는 검무에 관한 신화적인 이야기의 발상지이기도 하고, 검무에 뛰어난 여자들이 많기로 유명한 곳이기도 하다. 〈그림 3. 7〉은 왜의 사신을 위해 연대청宴大廳에서 연향을 베푸는 모습이다. 오른쪽에는 조선의 관기가, 왼쪽 에는 일본 사신이 각 직위에 따라 앉아 있다. 조선 측 관리 중에서 교의交椅(신주를 모셔 두는 다리가 긴 의자)를 앞에 두고 앉은 왼쪽이 동래부사이고 오른쪽이 부산첨사이다. 동래부사와 부산첨사가 연례송사(연례적으로 조선에 오는 정기적인 사절)를 주관하였으므로, 왜의 사신들은 연례송사로 온 것으로 보인다.

〈그림 3. 7〉의 비교적 앞쪽 대열에는 취고수가 있는데, 이들은 관악기 연주자와 타악기 연주자로 구분된다. 관악기 연주자는 6명으로 나각 2명, 나발 2명, 태평소 2명이다. 이들은 말을 탔으며 다른 악인樂人과는 다르게 흑립黑笠에 붉은색 옷을 입었다.* 타악기 연주자는 자바라 2명, 징 3명, 운라[14] 2명 북 2명이고 전립戰笠에 전복戰服을 입어 군영 소속임을 알 수 있다. 중앙 위

---

* 취고수 중 관악기 연주자가 붉은색 옷을 입은 경우를 종종 볼 수 있는데, 대표적으로 〈조선통신사행렬도〉가 있다.

| 그림 3. 7 | 〈동래부사접왜사도〉 부분. 기생들의 대무對舞

치에서 무기 2명과 동기 2명이 손을 옆으로 들어 대무對舞 형식의 춤을 추고 있다. 연대청에 모인 모든 이가 무기들의 춤에 집중하고 있어, 연례송사 시 춤의 중요성을 다시 한 번 확인할 수 있다.

연례송사 외에 조문을 목적으로 온 사절단의 의례 절차도 있었다. 순조 2년(1802) 조선왕실의 상사喪事에 조문하기 위해 파견한 사절의 진향의례進香儀禮를 초량왜관의 객사에서 거행하였는데, 의식의 절차는 다음과 같이 규정되어 있다.

동래부사와 접위관이 동쪽 계단에 서고 훈도訓導와 별차別差는 서쪽 계단에 선다. 차왜差倭 일행이 숙배처肅拜處에 들어와 대청 위로 올라가 무릎을 꿇고 궤·향을 받들어 올리고, 엎드려俯伏 경의를 표한 후 국궁사배鞠躬四拜를 한다. 후 서쪽 계단으로 내려와 숙배처에 서서 다시 4배례를 하면 의례가 끝난다. _ 《증정교린지》권3[15]

한편, 조선 후기 각 읍에서 편찬한 읍지를 모아 책으로 엮은 《여지도서輿地圖書》에 따르면, 동래부 아래 남쪽 27리에 설치된 초량객사에서도 '연향의'가 펼쳐졌다고 한다.[16]

이처럼 조선시대 외교의 핵심지였던 동래 지역은 가·무·

악이 중심이 된 사신의 연향이 크게 벌어졌고 그로 인해 교방·무기舞妓·악공의 예술적 활동이 활발했다. 북춤에 관한 직접적 사료는 없지만, 권번 기생의 구술 채록 등 간접 사료를 통해 근대로 넘어오면서 동래권번에서 '동래고무'로 명명되고, 이 춤이 특별한 행사 때 전문 무기舞妓에 의해 연행되었음을 알 수 있다. 즉, 동래고무는 외교를 위한 '연향의'의 목적으로 인해 지속적인 전승이 가능했고, 외교로서의 춤과 무기舞妓의 중요성이 높았음을 짐작할 수 있다.

지금까지 북춤과 관련된 기록과 문화 단상을 엮어 향제鄕制 문화로서 북춤의 의미를 재조명해 보았다. 이를 정리해 보면, 우선 고려시대부터 이어져 온 북춤을 무고 또는 고무라고 칭했음을 확인할 수 있다. 먼저 무고의 기록을 보면《고려사》〈악지〉·《해동악부》·《동사강목》·《성호사설》에서 무고는 악기 명과 춤 작품명의 두 가지 의미를 함께 내포하고 있으며, 가장 오래된《풍정도감의궤》를 필두로 각 왕조별 의궤에서 무고가 지속적으로 전승되었음을 알 수 있다. 특히 숙종 대에는 무동이 추기도 했고, 정조 대를 기점으로 무고의 연향 연출의 다양성을 시도하면서 고종 대까지 궁중춤으로서 내용과 형상을 이어 왔다.

또한 선조 5년(1574)의《조천기》와 선조 13년(1590) 평안도읍지인《평양지》의 기록을 통해, 궁중 무고가 16세기 전·후반을 기점으로 지방 교방의 춤으로 유입되었음을 알 수 있다. 이후 18세기까지 궁중 무고의 양상으로 연희되다가, 19세기 들어 전국 교방에서 고무라는 이름으로 정착하여 성행했다. 여기서 주목할 점은, 궁중에서는 '무고'로 교방에서는 '고무'로 명기된 것이다. 궁중의 정형화된 연향 문화로 인해 무고의 명칭과 양상은 고형을 유지할 수 있었고, 이 춤은 조선 후기 선상기 제도 및 여러 환경적 영향으로 인해 전국 교방으로 확대되어 향제鄕制 문화로서의 고무로 성장하게 된다. 대표적인 예로 진주고무와 동래고무 등이 있다.

　진주고무의 형상과 내용은《교방가요》에서 포착할 수 있는데, 이를 통해 진주고무가 궁중 무고의 원 텍스트를 유지하면서 교방의 고무로 발현되었음을 알 수 있다. 춤에 관한 기록이 부재한 가운데《교방가요》에 수록된 진주고무 관련 기록들은 일련의 논의를 지지해 주는 든든한 근거이자 경상도 일대 춤 문화 기록의 교본이자 고전이라 할 만하다. 한편, 동래고무는 무기舞技·교방·연향과 관련된 간접적인 문화사적 기록들을 통해 그 춤의 목적과 의미를 어느 정도는 예상할 수 있다. 사신행로의 마지막 지점인 동래에서는 인근 일대의 기생까지 동원하여 외교 행사를 자주 열었고, 그런 까닭에 교방의 춤이 성행했다.

| 그림 3. 8 | 북의 개수와 형태를 바꿔 가며 유연한 연출을 보여 주는 근대 초기의 무고 모습

　북춤은 역사적 흐름과 시대적 배경 속에서 무고와 고무로 세
분화되고, 다시 고무는 각 지방의 환경과 기술 요소들의 영향
을 받아 향제의 문화예술로 자리매김하였다. 궁중 정재로서의
무고는 보존 그대로 전수하는 특성을 지니고 있지만, 지방 교
방 또는 민간에서 펼쳐진 고무는 전승 과정에서 변용이 불가피
하였다. 이처럼 한국 고무는 양적 팽창과 질적 성장이라는 발
전적 진화의 역사를 거쳤으며, 그런 측면에서 예술성·학술
성·역사성을 지닌 한국의 대표 전통예술의 징표가 될 만한다.

이 같은 한국 북춤의 진화 과정의 이해를 바탕으로 몇 년 전 사회적으로 큰 이슈가 되었던 방탄소년단BTS의 삼고무 무대를 톺아본다.

BTS의 '삼고무'

앞에서도 언급했듯 2018 멜론 뮤직어워드에서 BTS가 선보인 〈IDOL〉 무대는 무형적 예술의 수용과 변용 과정에 담긴 인간의 생동하는 예술 의지의 발현으로서 전통춤의 가치를 잘 보여 준다. 지금 이 순간에도 이 무대를 담은 영상의 조회수는 빠른 속도로 올라가고 있으며, 누군가는 열정적으로 댓글을 달고 있을 것이다.

이 공연의 첫 장면인 제이홉(BTS 멤버로 메인댄서와 서브래퍼를 맡고 있다)의 삼고무를 살펴보자(〈그림 3. 9〉). 막이 올라가면서 무대 정면에 3단으로 구성된 삼고무의 모습이 서서히 보이고, 북을 치기 시작한다. 곧 중앙에 자리 잡은 제이홉은 앉아 있는 자세에서 팔동작을 원형으로 그리듯 서서히 일어나며 정면을 향해 선다. 이어서 삼고무의 짧은 장단 소리에 맞춰 팔과 다리를 움직이는데, 팔은 대부분은 태극선을 그리고 뜀뛰기를 하

| **그림 3. 9** | 2018년 멜론 뮤직어워드 BTS 〈IDOL〉 무대에 등장한 삼고무

는 다리와 발은 뒷꿈치의 힘으로 중심을 잡고 있다. 삼고무 장면 엔딩에서 제이홉은 다리를 팔자로 지탱하면서 부채를 펴면서 다음 장면을 예고한다.

전체 공간을 사용하는 춤사위는 간혹 중심을 잃거나 정신 없는 춤 작품으로 비춰질 수 있으며, 표현을 중시하는 안무는 직접적이고 일차원적이기 때문에 보는 이로 하여금 호기심과 흥미를 불러일으키지 못한 채 다소 유치한 무대로 전락할 위험이 있다. 또한 전통적인 요소들이 현대적인 무대와 조화를 이루지 못하면 자칫 주제를 놓칠 수도 있다. 그러나 제이홉의 삼고무 무대는 달랐다. 많은 이들이 그 무대에 빠져들었고, 눈앞에서 생동하는 기운마저 느낄 수 있는 성공적인 무대였다. 한데 뜻밖에도 이 공연 이후 삼고무 저작권 행사를 둘러싸고 전통무용 분야에서 논쟁이 불거졌다. 쟁점은 삼고무가 개인의 창작물로 사유화할 수 있는 저작권 등록이 가능한 저작물인지, 아니면 누구나 사용할 수 있는 공공재인지였다.

전통무용 저작물을 둘러싼 논쟁에서 관련 기관과 관계자는 물론이고 이를 지켜보는 모든 이들이 이 문제를 어떻게 풀어가야 할지 혼란을 겪었다. 삼고무와 오고무, 2종의 저작권 등록이 이루어지자 2019년 문화체육관광부와 문화재청은 긴급 실무회의를 열어 조정안을 물색하였고, 관련 저작권 논의가 국회 토론회에서 다루어졌으며, 2020년에는 한국저작권위원회 3대 주요 과제 중 하나로 이 사안이 선정되었다.

사실 전통적인 춤들의 저작권 등록은 90년대 후반부터 다른 사람들에 의한 다른 춤들로부터 시작되었다. 유독 이매방 선생님의 삼고무가 이슈화된 것은 해당 춤을 선호하고 추고자 하는 취향 공동체가 넓고 두터워 자주 그 춤이 노출되었기 때문이다.

저작권법상의 '창작성'은 고도의 예술성과 획기적인 창작성을 요구하기보다는, 독자성과 차별성 등의 '다름'이 중요한 포인

트라는 점과 저작권 등록 절차의 편리함 등을 감안해 보면 삼고 무를 비롯한 전통춤의 저작권 등록에 대해 일정 부분 공감되는 부분도 있다. 즉, 저작권 제도 자체를 부정하는 것이 아니다. 과거로부터 내려온 모든 예술과 춤을 무조건 국가의 공적 영역으로 보자는 의미는 더더욱 아니다. 다만 개인적인 영역과 공적인 영역, 공동의 작업과 개인의 인정, 창작과 유사성 사이에서 좀 더 상생적인 방안을 모색해야 한다는 의미이다. 이런 문제를 앞두고 우리는 좀 더 근본적인 자료를 토대로 합리적이고 객관적이면서도 공정한 타협점을 찾아내기 위해 노력해야 할 것이다.

끝으로, 한국춤의 전통성과 현대성의 조화로 자신들만의 기운생동의 무대를 펼친 BTS의 무대는, 한국적 문화의 정체성까지 효과적으로 알렸다는 점에서 그 가치를 인정받아 마땅하다. 이 무대를 두고 소수의 중국인들이 자국의 문화라고 언급하기도 했지만, 이러한 일은 BTS의 무대뿐만 아니라 다른 분야에서도 종종 나타나고 있으며, 앞으로도 반복될 가능성이 높다.

이에 대해 필자는 BTS 무대의 한국춤은 분명 우리의 것이라고 말할 수 있다. 여러 한국 학자들의 의견*과 본고의 내용들을

* 송수남은 "동양화의 유래가 중국이지만 이미 오래전에 한국에 들어와 우리의 입

토대로 한국춤의 시원 또는 유래가 중국의 영향을 받았다고 해도, 이미 오래전에 한국에 들어와 끝없는 수용과 변용을 통하여 질적 성장과 양적 팽창을 거듭해 왔고 앞으로도 무궁한 진화의 가능성을 열어 둔 한국춤이 지금까지 우리 곁에서 존립하고 있기 때문이다. 이는 타 국가의 춤과는 다른 고유성이며, 그 고유성을 지속적으로 우리의 것으로 성장시키는 힘이 곧 한국춤의 정체성인 것이다. BTS의 무대는 한국춤으로 자신들만의 무대를 만들어 낸 의지와 힘을 담고 있다. 그런 점에서 한국춤의 가치 및 정체성을 재조명해 볼 수 있었던 너무나 소중한 무대로서, 아마도 오랫동안 미래의 고전으로 남게 될 것이다.

BTS가 자아 및 국가의 정체성에 대하여 바른 관점을 가지고 바른 자세로 나아간다면, 그 파급 효과는 더욱 큰 의미를 가지며 오랫동안 선한 영향력을 발휘할 것이고, 그럴 때 BTS는 세계적인 스타로서 우리 곁에 함께할 수 있을 것이다. 한국춤의

맛과 취향과 정서에 맞도록 우리만의 독특한 개성과 특성을 가미하여 새롭게 재창조한 것임을 잊어서는 안 된다"고 강조했다(송수남, 〈한국화 존재의 당위성〉, 《한국화의 길》, 미진사, 1995, 33쪽). 조지훈은 한국의 정체성이라는 것은 해당 대상의 시원으로 결정하기보다는 현재의 시점에서 출발해야 하며 '다른 것과 같으면서도 다른 것과 구별되는, 다른 곳에는 다시 있을 수 없는 것'을 고유성이라고 했다(조지훈, 《한국사상의 모색》, 1996, 한국학연구). 탁석산 또한 한국(인)의 정체성 판단의 기준을 고유성, 주체성, 대중성이라고 했다(탁석산, 《한국의 정체성》).

미래는 사실 밝지 않다. 이런 불안감 속에서 BTS가 보여 준 한국적인 춤과 무대를 통해 한국춤이 재조명되었다는 것만으로도 한국춤 연구자로서 사명감을 다질 수 있었다. BTS의 무대는 한국춤을 어떻게 발전시키고 진화시켜야 하는지를 여실히 보여 주었을 뿐만 아니라, 이 책이 논하는 바를 완벽하게 표현한 무대라고 할 수 있다.

제4장

춤과 탈

탈은 여러모로 쓰임이 많은 도구이다. 개인의 정체성을 감춤과 동시에 또 다른 인물로서의 역할을 가장 효과적으로 보여줄 수 있다. 탈과 함께 등장하는 또 다른 인물은 평범한 인간을 초자연적인 존재로 변화시킬 수도 있으며, 신화·전설·허구와 같은 이야기를 끌고 갈 수도 있다. 이 모든 것들은 인간의 상상·욕망·본능과도 연결되어 있으므로, 탈은 인류의 역사와 함께했다고 해도 과언이 아니다. 그런 측면에서 신석기시대 유물인 조개가면을 살펴보자(〈그림 4. 1〉).

조개가면에서 처용까지

조개 윗부분의 작은 두 개의 구멍은 눈이고, 중앙 아래의 큰 구멍은 입이라는 것을 한눈에 알 수 있다. 신석기시대 사람들

| 그림 4.1 | 신석기시대 조개 가면

은 왜 이 조개가면을 만들었을까? 그리고 그들은 언제 이 가면
을 착용했을까? 선사시대 유물들은 늘 이렇게 우리들에게 수많
은 질문과 이야기를 던져 준다.

이 시대 사람들은 의식주를 해결하기 위한 본능적 움직임에
충실했을 것이고, 그 움직임을 자유롭게 안정적으로 수행할 수
있기를 바랐을 것이다. 그러나 비, 바람, 눈, 벼락 등 혹독한 자
연환경과 무서운 야수들의 공격에 늘 불안할 수밖에 없었다.
그때 불완전한 인간이 할 수 있는 일은 신에게 매달리는 것뿐
이다. 일상적인 행위로는 신에게 자신들의 바람을 전달하기 어
렵다고 여겨, 그들은 비일상적인 행위와 소리를 동원하려고 노

력했을 것이다. 이러한 행위들을 제의라고 하며, 그 제의가 바로 전통예술의 발아로 연결된다. 이 조개가면 역시 그런 용도로 사용되었을 것이며, 이후 이처럼 탈을 쓰는 행위는 더 견고하고 더 구체적으로 발전했을 것이다. 탈을 사용한 춤에 관한 기록들을 시대순으로 살펴보자.

필자가 주목하는 인물은 백제의 예술인 미마지味摩之'이다. 미마지가 어떤 사람인지에 대해서는 학자들마다 의견이 분분하여, 그가 백제 사람인지 일본 사람인지부터 논쟁의 대상이 되곤 한다. 사실 백제는 다른 나라보다 춤 또는 연희와 관련된 기록이 빈약한 편인데,《삼국사기》〈악지樂志〉에 단편적이나마 기록이 보인다.

통전에 이르기를, 백제의 악은 당나라 중종 시대에 공인들이 죽고 흩어졌는데, 개원에 기왕범岐王範이 태상경太常卿이 되어 다시 백제악을 아뢰어 설치하였으므로 음곡音曲이 없는 것이 많다.[1]

_ 《삼국사기》〈악지〉

이외에도 중국 역사서인《수서隨書》, 일본 역사서인《일본서기日本書記》,《일본후기日本後記》 등 주변 국가들의 기록에서 백제에 관한 기록의 조각을 볼 수 있다.《일본서기》에서는 백제

예술로 '백제무악百濟舞樂'을 소개하고 있는데, 그에 따르면 횡적(대금)·공후·막목(피리)·무(춤) 등을 백제 스승이 일본인에게 사사했으며, 또한 일본의 무악조와 삼국시대의 무악조가 매우 흡사하다고 하였다.

중국 기록에는 '백제에서 5월, 10월에 후위後魏 이후의 연악宴樂과 같은 탁무鐸舞를 추었다'고 하여, 당시 백제에 발로 두드리는 '탁무' 형식의 춤이 존재했음을 짐작할 수 있다. 이러한 기록들에서 주목할 부분은 일본의 불교 가면무용이라고 할 수 있는 '기악무伎樂舞'(고대의 종교적 예능으로 부처를 공양하기 위한 가무)에 관한 기록이다.

백제인 미마지가 귀북하여 '오나라에서 배웠다' 하고 기악무에 '능能'한지라, 곧 앵정촌에 두고 소년을 모아 기악무를 가르치게 하니, 때에 '진야眞野'의 수제자 신한, 제문 2인이 그 악무를 전하여 받았다.[2] _ 《일본서기》

백제 사람 미마지가 중국 오나라에 가서 기악무를 훌륭하게 배워 이에 능하므로 일본의 앵정촌에 그를 초빙해서 소년들에게 기악무를 가르치게 했고, 미마지의 가르침을 받은 아주 우수한 제자 2명이 기악무를 전하고 있다는 내용이다. 현재 일본의 기악무는 작품의 메시지, 배역의 설정, 거리별 내용 등이 한국의 산대극과 매우 유사하다. 곧, 일본을 대표하는 탈춤인 기악무는 백제의 스승에게 배운 것이며, 백제 시대부터 내려온 탈을 쓰는 춤들이 전승되어 오늘날 지역성을 가진 수많은 탈춤으로 보전되었고 할 수 있다. 일본의 기악(무)와 한국의 대표적인 산대극을 정리해 보면 〈표 4. 1〉과 같다.

| 표 4. 1 | 한국의 산대극과 일본의 기악무

일본 기악	양주별산 산대놀이	봉산탈춤
치도治道	고사, 상좌춤	사상좌춤
오공吳公	옴중	없음

일본 기악	양주별산 산대놀이	봉산탈춤
사자아(獅子兒)	없음	사자춤
가루라(迦樓羅)·금강(金剛)	팔먹중, 침놀이	먹중춤
바라문(婆羅門)	사당놀이(관쓴중)	사당춤
곤륜(崑崙)	노장마당(소무)	노장

일본 기악	양주별산 산대놀이	봉산탈춤
역사力士	취발이	취발이
대고大孤	미얄할미	미얄춤
취호醉胡	양반	양반춤
무덕악武德樂	무당넋두리	다리굿

* 춤의 본질적 특성으로 인해 이미지의 균질성과 통일성에 한계가 있어 동시대 장면이 아닌 것도 포함되어 있거나, 이미지가 없는 경우도 있다. 또한 과장의 구성은 공연의 목적과 상황, 시대에 따라 달라졌을 것이다.

이미지 출처: 국립민속박물관 · 국립중앙박물관

백제의 탈을 쓰고 추는 춤은 그 이후에도 이어졌을 것이다. 그 조각을 통일신라시대 문장가이자 학자인 최치원의 〈향악잡영鄕樂雜詠〉 5수에서 찾아볼 수 있다. 내용은 제목에서 알 수 있듯 '고향'(향鄕)의 '악樂'(예술의 총칭)을 '모아서 읊어 보는'(잡영雜詠) 식으로 구성되어 있다. 우리 지역의 예술 또는 우리 예술을 모아서 정리해 본다는 의미로, 우리 것에 대한 주체적 사상과 의지를 반영하려는 노력으로 볼 수 있다. 최치원은 〈향악잡영〉에서 '금환金丸'·'월전月顚'·'대면大面'·'속독束毒'·'산예狻猊' 등 오기五伎의 모습을 핍진하게 묘사하고 있다.

'금환'은 방울 받기를 묘사한 내용[3]이며, '월전'은 여러 명의 유생들이 주요 배역으로 등장하여 우스꽝스런 모습을 연출하는 것으로, 희극적인 몸짓으로 연희하는 놀이[4]로 볼 수 있다. '대면'은 글자 그대로 큰 얼굴이라는 뜻인데 아마도 탈을 쓴 형상일 것이다. '대면'의 1, 2구는 황금색 탈을 쓴 이가 방울채로 귀신을 쫓는 내용이며, 이때의 움직임을 3, 4구에서 언급하여 통일신라시대 예술로서 탈춤의 이미지를 포착할 수 있다. 그 춤은 아마도 속도의 완급이 있고, 우아한 느낌을 자아내면서도[5] 벽사의 기능까지 지녔을 것으로 보인다. '속독'에 등장하는 '봉두남면蓬頭南面'은 쑥대머리에 파란 얼굴의 형상으로 사람이라기보다는 귀신 또는 신격으로 여겨지는데, 동류의 무리와 함께 등장하여 북소리에 맞춰 쉴새없이 남북으로 뛰고 달린다.[6] '대면'과 '속독'의 내용을 엮어 귀신을 쫓는 벽사의 '대면'과 쫓기는 귀신의 '속독'으로 해석[7]하기도 하는데, 탈을 쓰고 추는 춤의 측면에서 본다면 아마도 '대면'의 춤은 근엄하고 묵직한 동작으로 나쁜 기운을 몰아내는 장엄한 이미지를 연출하고 '속독'은 북의 빠른 장단에 맞춰서 가볍게 뛰거나 이리저리 돌아다니는 구성일 것이다.

즉, 〈향악잡영〉은 그 이전 시대에 언급되었던 가·무·악의 총체적인 양상이 각 종목으로 분화된 모습과 구체적인 춤의 표현을 서술하고 있다. 또한 제목에서도 알 수 있듯, 그 종목들이 우리나라 고유의 것임을 시사하고 있다. 최치원의 〈향악잡영〉을 통해서 탈을 쓰고 움직이는 행위가 존재했음을 확인할 수 있는데, 이러한 예술적 양식은 한반도 최초의 통일국가인 고려 대에 좀 더 진화된 양식으로 나타난다. 그 모습을 고려시대 '산대잡극歌舞百戲'(국가의 경사에 관람석을 진설하고 그 위에서 상연된 가무백희)에서 확인할 수 있다. 후삼국을 통일한 고려는 우리 민족예술의 가치관을 구축하고 심화시키고 구체화시킨 시기라고 볼 수 있다.

고려는 신라의 유풍遺風인 팔관회八關會와 연등회燃燈會를 계승하여 국가적 행사로 진행하였다. 팔관회는 신라 진흥왕 12년

(551)에 처음 행해진 이래 13세기 중엽 고려 원종元宗 대까지 지속되었다. 《고려사高麗史》〈예지禮志〉에 따르면, 팔관회는 국선 화랑도들의 가·무·악인 사선악부四仙樂部, 용놀이·봉황무·코끼리놀이 등 동물로 분장한 탈놀이, 수레놀이·뱃놀이와 같은 산악잡희山樂雜戲로 이루어졌는데 모두 신라의 고사故事라고 하였다. 한편 연등회는 불교행사로서 상원上元(정월대보름)에 거행했고 국가 왕실의 태안泰安을 비는 제전으로 시작하여 나중에는 채붕綵棚(나무를 걸치고 비단을 깔고 덮은 일종의 고대의 관람석), 즉 산대山臺를 가설하여 전대의 가면극희는 물론 가무잡극과 중국 당·송의 많은 가무희를 동시에 연출하였다.[8] 이 두 행사는 축원의 대상이 다를 뿐 의식의 절차 면에서는 등불을 밝히고 산대잡극 또는 가무백희歌舞百戲(나라의 각종 행사 때 행한 노래·춤 및 각종 기예의 총칭)의 대축연을 베푼 제전이었던 것이다.

한편, 14세기 후반의 놀이 내용을 집약적으로 묘사한 이색李穡의 시 〈산대잡극山臺雜劇〉[9]에서는 특히 당악정재인 '헌선도'와 '처용무'를 언급하여 복합적인 성향의 종합체에서 좀 더 구체화된 춤을 제시하고 있다.

산대를 얽어맨 것이 봉래산 같고

과일 바치는 선인이 바다에서 왔네.

연희자들이 울리는 북과 징소리는 천지를 진동하고

처용의 소맷자락은 바람 따라 돌아가네.

긴 장대 위의 연희자는 평지에서 걷듯하고

폭죽은 번개처럼 하늘을 솟네.

태평성대의 참모습을 그리려 하나

늙은 신하 글솜씨 없음이 부끄럽구나.[10]

　'처용의 한삼소매 바람에 불려 나부낀다'는 대목은 한삼을 강하게 뿌리면서 큰 보폭으로 한 걸음 내딛는 처용무의 기상을 전달하며, '선계에서 내려 온 선인이 과일을 헌정한다'는 것은 당악정재인 '헌선도'의 기능과 의미를 드러낸다. 즉, 고려의 산대잡극은 국가 행사가 중심이 되었지만 민중에 의한 토속과 세시 중심의 민속극, 민속춤,

| 그림 4. 2 | 〈사궤장연겸기로회도賜几杖宴兼耆老會圖〉부분. 조선 인조 대 원로문신들의 연회 장면을 그린 그림으로, 처용무를 추는 모습을 확인할 수 있다

민속놀이로 발전할 수 있는 기본 토대가 되었던 것이다. 이러한 고려의 산대잡극은 조선시대로 오면서 다양한 공간에서 다양한 계층의 사람들에 의해서 역동적으로 연희되는 발전의 시대를 맞이하게 된다.

민중 기록 속 탈춤 이야기

탈춤에 대한 기록은 조선 정조 대《경도잡지》에서도 확인할 수 있다. 서울의 문물제도와 풍속·행사를 기술한 이 책의 제1권 〈풍속風俗〉 '성기' 편에서 조선 후기 연희의 구성 요소에 대한 기본 정보 및 규정 등을 제시하고 있는데, 짧지만 조선 후기 탈춤에 대해서도 언급하고 있다. 다른 춤과 마찬가지로 탈춤 역시 여러 세시기에서 그 흔적을 찾아볼 수 있다.

순조 대 김매순金邁淳이 쓴《열양세시기洌陽歲時記》는 열양洌陽, 즉 서울의 연중행사를 기록한 책으로, 맨 뒤에 저자가 쓴 발문 날짜로 보아 순조 19년(1819) 유두일流頭日(음력 6월 15일)에 완성되었음을 알 수 있다.《열양세시기》는 전반적인 내용이 간략한 편이라 춤에 관한 내용 또한 다른 세시기에 비해 적은 편이다.

이 책에 따르면, 새해의 첫째 절기인 입춘에 궁중과 민간에서 여러 의례를 베풀었는데, 그중 한 해 농사의 풍년을 기원하며 '입춘굿탈놀이'와 '보리점 보기'를 하였다. 보리점으로 한 해 농사의 운을 보고, 소를 만

| 그림 4. 3 | 《열양세시기》 표지

들어 마을을 도는 소몰이도 하며 다 함께 모여 굿과 탈놀이를 병행해서 연행한다. 정조가 매양 설날이 되면 농사를 권장하는 윤음綸音(임금이 신하나 백성에게 내리는 말)을 지어 팔도 관찰사와 사도 유수四都留守에게 내렸다고 하는데, 이는 동경東京(신라시대 경주) 때 입춘날에 관대한 교서敎書를 내리던 일과 같은 뜻이라고 한다. 국가에서도 입춘날 행사에 왕이 직접 참여하여 백성의 복福과 녹祿을 기원한 것이다.

한편 《동국세시기》에 따르면, 제주도에서도 새해맞이 행사로 지상의 모든 것에 신의 사당을 만들어 놓고 원일元日(정월 초하루)부터 정월대보름까지 무격巫覡이 신독神纛을 받들고 나희

儺戱(묵은해의 마귀와 사신을 쫓아내려고 베풀던 의식)를 행하였다고 하는데,[11] 이 날짜가 입춘과 겹쳐지면 입춘의 보리점이나 소몰이 행사와 아울러 규모가 큰 입춘굿탈놀이를 함께 행했을 수도 있다. 함경도에도 입춘이 되면 나무로 만든 소를 관청에서 민가의 마을까지 끌고 나와 돌아다니는 풍속이 있었는데, 이는 흙으로 소를 만들어 내보내는 제도를 모방하고 한 해 풍년을 기도하는 뜻이다. 고성에서는 정월은 아니지만 매달 초하루에서 보름까지 관官에 제사를 드리는 풍속이 있다. 이외에도《동국세시기》에는 여러 지방에서 열린 다양한 행사에 대한 기록이 남아 있다.

웅천熊川 풍속에 웅산신당熊山神堂으로 토착인土着人이 매년 4월, 10월에 신을 모시고 하산下山하여 종과 북을 울리면서 여러 가지 놀이를 한다. 청안靑安 풍속에 4월 초가 되면 그 현縣의 우두머리 관리가 읍의 사람들을 거느리고 국사신國師新 부부를 동면東面 장압산長鴨山 위에 있는 큰 나무로부터 맞이하여 읍내로 들어온다. 그리고 무격巫覡들로 하여금 술과 음식을 갖추어 놓고 징을 울리고 북을 치며 떠들썩하면서 현아縣衙와 각 관청에서 그 신에 대한 제사를 행한다.[12]

이처럼 지방 관아에서 세시에 행한 통례적인 제사들이 나희, 나례, 굿의 형태로 활발하게 이루어졌음을 알 수 있다.[13] 그중 공동체적 나희와 나례의 연극이 중요한 대목이 되고, 이를 통해 각 지역별 산대놀이가 발전할 수 있었다. 산대놀이의 구체적인 양상을 보면 예컨대 '각시놀음'는 풀로 머리채를 만들고 나무를 깎아 서로 붙인 다음 붉은 치마를 입힌 것을 각시閣氏라고 일컫고 이부자리와 머릿병풍을 쳐놓고 희롱하는 것을 말한다.[14]

| 그림 4. 4 | 피바디에섹스박물관 소장 〈평양감사 향연도〉 부분. 산대놀이 모습을 담고 있다

탈춤의 의미와 종류를 짐작할 수 있는 또 다른 기록으로 권용정의 〈한양세시기〉와 〈세시잡영〉이 있다. 그에 따르면, 법고승의 성격이 매우 희극적인 요소를 담고 있는데 '산대채붕' 역시 마찬가지

| 그림 4. 5 | 20세기초 솟대와 장승

이다. 산대채붕은 나무로 단을 만들고 오색 비단 장막을 늘어 뜨린 장식 무대로, 산처럼 높다랗게 지어 '산붕山棚'이라고도 한 다. 신라의 팔관회에서 유래한 것으로 〈그림 4. 4〉와 같이 생황 과 퉁소를 연주하는 가운데 긴 장삼을 너울대며 노승과 소무[15] 가 희극을 연출하여 모두를 즐겁게 하였다. 19세기 김형수金逈 洙가 지은《농가십이월속시農家十二月俗詩》에서도 농가풍속에 대하여 사당과 초라니 망석중의 연희와 마을 굿이 함께 열렸는 데[16] 좋은 음식과 좋은 곳에서 산대채붕을 세우고[17] 모든 이가 함께 어울려 먹고 웃고 놀았다고 하였다. 이처럼 우리 민족은

세시 민속행사와 더불어 산대채붕의 희극적인 탈춤놀이와 굿 등을 대동적으로 함께 즐겼다.

탈춤, 여민동락의 상징

탈춤은 조선 후기 문화적 배경과 정치적 환경 속에서 더욱 활발하게 전승되는데, 그 중심에는 탈춤의 민중과 전문 예인의 활발한 교류, 대동적 연희의 국가적 지원 등이 큰 영향을 미쳤다. 특히 국가적 행사인 나례는 민중과의 교류를 증진시키는 중요한 동력이 되었다. 성종조 이후 연산군 대에도 관나觀儺(음력 섣달 그믐날 밤 궁중에서 임금이 마귀와 사신邪神을 쫓아낸다는 뜻으로 거행하던 나례)와 관화觀火(궁중에서 거행하는 불꽃놀이)의 의식이 있었다. 연산군이 나례의 기존 양식과 파장에 대하여 문제점을 지적*하기도 했으나, 중종 말년까지 지속적으로 나례

---

* 《연산군일기》 연산 11년(1505년 12월 29일 2번째 기사에 따르면 왕이 전교하기를 《주례周禮》에 방상씨方相氏가 나례를 맡아 역질을 쫓았다면 역질 쫓는 것과 나례가 진실로 두 가지 일이 아닌데, 우리나라 풍속이 이미 역질은 쫓았는데 또 나례를 하여 역질을 쫓는 것은, 묵은 재앙을 쫓아 버리고 새로운 경사를 맞아들이려는 것이니, 비록 풍속을 따라 행하더라도 오히려 가하거니와, 본디

의식이 연행되었다.

임진왜란 이후 광해군은 임금과 왕실의 권위를 세우기 위해
경제적으로 어려운 상황에서도 산대나례山臺儺禮(산대놀이, 산
대, 나례 등의 이칭)를 포함한 궁정의 각종 행사를 복원하고자 했
다. 그러나 나례도감儺禮都監(나례를 맡아보던 임시 관아)을 통해
서 전국의 재인들을 동원하고 물자를 징발하는 일이 점점 어려
워지면서 인조 이후 궁정의 공연문화는 크게 위축[18]되었다. 결
국 숙종 29년(1681)부터 나례는 더 이상 연행되지 않는다.

그러나 정조 대의 문신 강이천이 남대문 밖에서 연행된 인형
극과 가면극을 보고 지은 한시 〈남성관희자南城觀戲子〉(1789),
고종 초 경복궁 중건 때 축하공연을 묘사한 《기완별록奇玩別
錄》(1864), 그리고 방상시方相氏(궁중의 나례의식에서 가면을 쓰
고 역귀를 쫓는 사람 또는 관명)가 진자侲子(나례 의식을 거행하던
12~16세의 남자 아이, 탈과 붉은 건巾을 쓰고 붉은 치마를 입는다)를
이끄는 도상 등을 수록한 《명성황후국장도감의례》(1897)을 통
해서 18세기 중후반[19]부터 국가적인 산대나례 행사가 다시 시

나례儺禮는 배우의 장난으로 한 가지도 볼 만한 것이 없으며, 또 배우들이 서울
에 떼를 지어 모이면 표절剽竊하는 도둑이 되니, 앞으로는 나례를 베풀지 말아
옛날 폐단을 고치게 하라"고 했다.

| **그림 4. 6** | 1725년(영조 1)에 그려진 아극돈阿克敦의 《봉사도奉使圖》 제7폭. 모화관慕華館에서 행해진 중국 사신 영접 행사의 연희 장면을 담고 있다. 바퀴가 달린 거대한 예산대曳山臺의 모습과 산대에서 광대들의 연행 장년늘 볼 수 있다

작되었음을 알 수 있다.

〈남성관희자〉는 강세황의 후손인 강이천 지은 시로, 이 시에 나오는 극의 내용은 가면극의 모태라고 할 수 있는 '본산대놀이'로 전승되었고, 그 연희의 주요 내용은 현재 각 지역별로 분포되어 있는 탈춤의 내용들과 유사하다.

　　　평평한 언덕에 새로 자리를 펼쳐 平陂更展席

상좌 아이 깨끼춤 추는데 僧雛舞緇素

선녀 하늘로부터 내려왔나. 仙娥自天降

당의唐衣에 수고繡袴를 입었으니 唐衣復繡袴

한수漢水의 선녀 구슬을 가지고 노는 듯 漢女弄珠游

낙수洛水의 여신 푸른 물결에 걸어 나오듯.洛妃淸波步

노장스님 어디서 오셨는지? 老釋自何來

석장을 짚고 장삼을 걸치고 拄杖衣袂裕

구부정 몸을 가누지 못하고 龍鍾不能立

수염도 눈썹도 도통 하얀데 鬚眉皓如鷺

사미승 뒤를 따라오며 沙彌隨其後

연방 합장하고 배례하고 合掌拜跪屢

이 노장 힘이 쇠약해 力微任從風

넘어지기 몇 번이던고? 顚躓凡幾度

한 젊은 계집이 등장하니 又出一少妹

이 만남에 깜짝 반기며 驚喜此相遇

흥을 스스로 억제치 못해 老興不自禁

파계하고 청혼을 하더라. 破戒要婚娶

광풍이 문득 크게 일어나 狂風忽大作

당황하여 어쩔 줄 모르는 즈음 張皇而失措

또 웬 중이 대취해서 有僧又大醉

고래고래 외치고 주정을 부린다. 呼號亦恣酗

추레한 늙은 유생 潦倒老儒生

이 판에 끼어들다니 잘못이지. 闖入無乃誤

입술은 언청이 눈썹이 기다란데 缺脣狵其眉

고개를 길게 뽑아 새 먹이를 쪼듯 延頸如鳥嗾

부채를 부치며 거드름을 피우는데 揮扇擧止高

아우성치고 꾸짖는 건 무슨 연고인고? 叫罵是何故

헌걸차다 웬 사나이 趐趐一武夫

장사로 뽑힘직하구나. 可應壯士募

짧은 창옷에 호신수 短衣好身手

호매하니 누가 감히 거역하랴! 豪邁誰敢忤

유생이고 노장이고 꾸짖어 물리치는데 叱退儒與釋

마치 어린애 다루듯 視之如嬰孺

젊고 어여쁜 계집을 獨自嬰靑娥

홀로 차지하여 손목 잡고 끌어안고 抱持偏愛護

칼춤은 어이 그리 기이한고! 舞劍一何奇

몸도 가뿐히 도망치는 토끼처럼. 身輕似脫兎

거사와 사당이 나오는데 居士與社堂

몹시 늙고 병든 몸 老甚病癃痼

거사는 떨어진 패랭이 쓰고 破落戴敝陽

사당은 남루한 치마 걸치고. 纜縷裙短布

선승禪僧이 웬 물건인고! 禪律是何物

소리와 여색을 본디 좋아하여 聲色素所慕

등장하자 젊은 계집 희롱하더니 登場弄嬌姿

소매 벌리고 춤을 춘다. 張袖趁樂句

할미 성깔도 대단하구나. 婆老尙盛氣

머리 부서져라 질투하여 碎首恣猜妬

티격태격 싸움질 잠깐 새 鬪鬩未移時

숨이 막혀 영영 죽고 말았네. 氣窒永不寤

무당이 방울을 흔들며 神巫擺叢鈴

우는 듯 하소하듯 如泣復如訴

너울너울 철괴선 춤추며 翩然鐵拐仙

두 다리 비스듬히 서더니 偃蹇植雙胯

눈썹을 찡긋 두 손을 모으고 竦眉仍攢手

동쪽으로 달리다가 서쪽으로 내닫네. 東馳又西鶩[20] _〈남성관희자〉

《기완별록》은 고종 초년 임금이 경복궁 작업 현장인 경복궁의 옛터에 친임親臨한 것을 기념하여 거행된 행사를 보고 지은 작품이다.[21] 나례도감의 전통이 끊어진 상황에서 열린 국가적 행사이므로 그 규모와 의미가 남달랐을 것이다. 또한 《기완별록》에 수록된 행사는 명백하게 산희山戲(인형극)와 야희野戲(가면극)의 요소를 다 가춘 연극[22]이라고 할 수 있다. 산희는 고사故事의 재현을 통해 정적인 장관을 보여 주는 것[23]으로 '신선놀이', '상산사호놀이', '봉사도' 등을 소재로 하였다. 야희 공연에서는 노장, 취발이, 왜장녀 등이 등장하였고 서울과 지방의 재인들이 대거 출연하였다.[24]

이처럼 나례를 비롯한 국가적인 행사 외에도 국장國葬 등의 장례 의례에서 악귀를 쫓는 역할로 방상시탈이 등장하였다(〈그림 4. 7〉). 이때 오늘날의 퍼레이드처럼 다양한 소품들과 함께 많은 참여진이 시가를 규모 있게 행진

| 그림 4. 7 |《사례편람四禮便覽》속 방상시 형상.양반이 사용하는 방상시 사용지士用之와 왕족이 사용하는 방상시 대부용지大夫用之로 나눠서 수록되어 있다

하는 모습을 연출했던 것으로 보인다. 18세기 의궤에 방상시와 죽산마竹散馬의 형상이 그림으로 남아 있는데(〈그림 4. 8〉), 이 조형 또는 오브제는 행사의 목적을 더욱 분명하게 전달할 수 있는 전문적인 도구로서 민중들의 관심과 시선을 끄는 데 큰 역

| **그림 4. 8** | 의궤에 등장하는 방상시(위)와 죽산마(아래)

할을 했을 것이다. 이러한 공연예술 조형물들을 만들기 위해서는 고도의 기술을 지닌 전문적인 기술자(오늘날 무대감독, 미술감독)들도 필요했을 것이다. 옛춤의 공연이나 공연예술과 관련된 기록이 많지 않은데, 〈그림 4. 8〉의 행사는 국가적인 행사이자 의례였기 때문에 의궤에서 방상시 등을 제작한 인물을 간혹 찾을 수 있다.

악귀를 쫓는 방상시탈과 대나무로 만든 말인 죽산마 제작을 담당하는 장인변수匠人邊首로 활동한 사람은 바로 탁문한卓文漢(1776~1821)이다. 그는 무대 제작자이면서 예술가적인 행적도 가지고 있다. 순조 대 문신 조수삼趙秀三이 쓴 한시 〈추재기이秋齋紀異〉에서 탁문한의 이름은 문환文煥으로 나온다. 그에 따르면 탁문환은 나예국儺禮局의 편수邊首(책임자 또는 우두머리)로, 젊어서부터 황진이 춤과 만석중의 노래 및 우스개 몸짓을 잘하여 반중班中의 자제 가운데 그를 따라잡을 자가 없었다고 한다. 늙어서 청나라 사신을 영접한 노고를 인정받아 가선대부嘉善大夫의 품계를 하사받았다. 그는 양인 출신의 무인 집안 사람으로서 자유분방한 성격과 끼를 주체하지 못하여 천인賤人들의 역役으로 여기는 연희패를 이끌었으며 자타가 공인한 검무와 탈춤의 춤꾼이었다고 한다. 특히 탁문한은 유달리 임금의 은사恩賜를 받아 자헌대부資憲大夫에 올랐다고 한다.[25]

| **그림 4. 9** | 국가민속자료 제16호 방상시탈(왼쪽). 창경궁에서 발견되었으며, 조선시대에 제작한 방상시 가면 중 유일하게 남았다. 1920~30년대 장례식 행렬에 등장한 방상시탈(오른쪽)

전통사회에서 예술가의 이름이 수면 위로 올라오는 일은 흔치 않다. 대부분 익명의 예술가로 남은 가운데 탁문한의 존재는 매우 특별하다. 탁문한을 비롯하여 공연예술에 헌신했던 수많은 예인들 덕분에 오늘날 우리가 방상시탈과 그와 관련된 옛 전통도 만날 수 있는 것이다.

한편, 국가 행사로서 나례는 세시에도 성행했다.《동국세시기》의 기록을 보자.

대궐 안에서는 제석 전날에 대포를 쏘는데 이를 연종포年終砲라

한다. 불화살(火箭)을 쏘고 징과 북을 치는 것도 모두 역질 귀신을 쫓는 오랫동안 전승된 민속문화의 하나이다.

이와 함께 정조가 설날 농사를 권장하는 윤음을 지어 팔도 관찰사와 사도유수에게 내렸다는 《열양세시기》의 기록은, 군주로서 백성을 걱정하는 마음과 여민동락의 취지로 대동행사를 열었음을 보여 준다. 이런 행사에서 펼쳐진 탈춤은 위아래 모든 사람이 같은 공간에 모여 비일상적인 행위와 오브제를 통해 즐거움과 심미감을 공유하고 감정을 소통하는 중요한 사회적 매체였던 것이다.

왕이 참여하는 입춘날 및 중원날(음력 7월 15일)의 백종·백중 행사는 순조 대에도 전승되고, 이를 통해 궁중과 민중, 민중과 궁중 간의 문화예술 교류와 수용도 자연스럽게 이루어졌을 것이다. 특히 이때 서울에 거주하는 경중우인京中優人(서울에 살면서 왕 또는 종친을 위한 궁중 연회나 공연행사에 출연한 놀이꾼)과 향토 및 세시문화의 예술을 전파하던 외방재인外方才人(서울 밖에 거주하는 연희자)은 민간 공연문화를 궁중으로 전이하는 데 큰 역할을 하였다. 이들을 통해 교방에서 연희되던 재인 중심의 사자무가 궁중춤으로 연희되는 등, 역동적인 예술 교류가 이루어졌다.

상층 문화와 하층 문화 교류의 주역들

이들과 함께 조선 후기 궁중의 각종 행사 준비와 잡무를 담당했던 대전별감大殿別監(조선시대 대전에 소속된 7~9품의 별감)의 존재도 눈여겨 볼 필요가 있다. 대전별감은 국연 및 개인 유흥 공간에 관기뿐만 아니라 연희 집단의 재인들도 섭외하였다. 한양의 연혁, 풍속, 문물, 제도 및 왕실의 능행 모습 등을 노래한 〈한양가漢陽歌〉의 '승전놀음'(별감들이 중심이 되어 관기와 악공을 데리고 노래와 춤으로 즐기던 행사) 대목에 대전별감이 재인 및 관기들을 불러 대규모 연회를 여는 장면이 묘사되어 있다. 궁중과 민중에서 연행되었던 대표적인 공연 종목과 그것을 연행했던 전문 예인들이 이 연회에 다 모였다. 여기서 여러 별감 중 대전별감은 궁중 예인을 비롯하여 외부의 재인까지 총동원해서 큰 놀이를 열 수 있는 인물이다. 이들이 만든 '승전놀음' 자체가 궁중과 민중, 상층과 하층, 표층과 기층의 완전한 분리가 아닌 조화된 중인中人들의 자생적 창작물인 것이다.

중인은 주로 전문 지식이나 기술을 가진 하급 관리들을 지칭하는데, 조선 후기에는 중인들의 경제력이 커지면서 이들이 사회에 미치는 영향력도 커지고, 자신들끼리 모임을 만들어 풍류를 즐기기도 했다. 예를 들어, 임금님의 심부름을 맡으면서 궁전의 크고 작은 행사에 참여했던 대전별감이나 지역 호장 등이 중인 계층에 포함된다. 대전별감을 비롯한 중인들은 경중우인을 관리하기도 했고, 외방재인의 상송을 맡은 실무 관청에 소속된 경우가 많았기 때문에 공식적이든 비공식적이든 재인의 흥행 활동에 큰 영향력을 행사할 수 있었다.[26] 이들의 모습을 《기완별록》에서 아래와 같이 묘사했다.

(1) 당당홍의堂堂紅衣, 진남색 창의氅衣, 초록 세조대細條帶를 띠고
　　 백수汗衫주, 줄 한삼汗衫에 쇄금瑣金, 당선唐扇, 선축扇軸을 달고
　　 대자大字 동곳, 자주색(紫芝) 두건 모양 있게 숙여 쓰고
　　 지축피 외코신에 붕어 행전 격이로세
　　 (중략)
　　 향낭香囊 약낭藥囊 수繡주머니 물건빛(物色) 고운 향끈 꿰고
　　 자수정 학슬안경鶴膝眼鏡 너무나도 일찍 썼다

(2) 또 한 별감 농행복색 차림벌이 그럴듯하다(依數)
　　 노랑 초립 홍전紅氈꾸미 순은입식立飾 단장구短杖具며
　　 키 같은 공작우와 맥순 같은 호수 꽂고
　　 (중략)
　　 삼승목 버선 발 맵시는 간들간들하나, 모양이

기생집 출입하는 외입장이 네가 아니면 누가 있겠는가

(3) 산짐승(山獸) 털 벙거지에 수갑사 넓은 갓끈

　　성성이 털(猩猩氈) 징두리와 밀화지돈 혼란하다

　　흑갑사 전복戰服 위에 남색 전대 눌러 띠고

　　석류나무 능장 끝에 주석 고리 장식하여

　　저렁저렁 끌면서 예기銳氣 있게 오락가락

　　패는 포교 모양이요 대령 기찰譏察 형상이라

(4) 남사 철릭 도홍 띠에 호수입식 금패 갓끈

　　궁시弓矢 환도 옆에 차고 은안준마銀鞍駿馬 등채로다

　　가죽인 줄 알건마는 시원하고 쾌할시고

(5) 쇠가래 젖혀 쓰고 까치옷 어긋나게 입고

　　주장 들고 활개 치며 건들거려 걷는 것은

　　나장일 것이 분명하니 추국좌기 가려느냐[27]

_ 〈기완별록〉

　　(1)·(2) 별감, (3) 포도청 포교, (4) 별군직 선전관, (5) 의금부
나장 등 다양한 중인들의 모습을 표현하고 있다. 중인들은 관

객으로 참여한 것이 아니라 스스로 행사의 일부를 담당하기도 했다. 호사스러운 대전별감의 복장은 그 자체만으로 화려한 볼거리였고, 이들이 죄인을 때리고 사람들을 살피고 나무라는 모습을 꾸민 광경 또한 연출한 장면으로 보인다.[28] 〈남성관희자〉에도 '紅衣(홍의)를 입은 掖庭署(액정서)'[29]가 등장하는데, 이처럼 화려한 붉은색 철릭과 노란색 갓을 쓴 별감의 복장은 당시 굉장한 주목을 받았을 것이다. 그래서인지 옛 그림에서 그들의 모습을 쉽게 만날 수 있다.

조선 후기 대전별감을 포함한 중인층은 국연 행사의 기획자로서 경중우인 및 외방재인과 함께 활동하였다. 불안정한 중간 계층으로서 중인들은 기세를 과시하기 위해 눈에 띄는 복장을 입고 공연을 했던 것이다. 오늘날 기층 문화로 대표되는 산대놀이 등이 상층부에 영입되고, 상층부와의 잦은 교류를 통해 수용과 변용의 진화를 거쳐 다양한 지역 탈춤으로 뻗어 나가는데 있어 조선 후기 중인들이 중요한 역할을 했다. 탈춤과 다소 동떨어진 듯한 그들의 이야기를 살펴본 것도 이 때문이다. 다시 말해서, 궁중과 민중의 탈춤이 교섭하는 데 가장 핵심적인 역할을 한 인물이 바로 대전별감을 비롯한 중인 계층이었던 것이다. 그들은 문화적 측면에서도 자신들의 신분처럼 상층과 하층의 중간 위치에서 둘을 영입하여 춤 예술의 문화적 폭을 넓

| 그림 4. 10 | 조선 의궤 속 대전별감의 모습

히고 변용시킬 수 있었고, 상층과 기층의 문화적 교류에 이바지했다. 이를 좀 더 자세히 살펴보자.

앞에서 입춘굿탈놀이와 나례행사 등 왕이 직접 참여했던 국가 연회를 다루었다. 일련의 행사를 통해 사당패 문화와 궁중 예술이 서로 크고 작은 요소들을 수용하고 변용했을 텐데, 이 과정에서 가무악이 함께 하는 종합예술로서의 탈춤이 기층과 상층의 교섭 경로를 제공하고 그 변용과 확장에 직·간접적인 영향을 주었을 것으로 보인다. 이를 염두에 두고 《기완별록》

을 다시 살펴보자.

앞서《기완별록》에 따르면, 경복궁 중건을 축하하는 산대나례를 위해 서울에 거주하는 재인은 물론 전국의 외방재인이 모두 동원되었다고 하였다. 조선 초 세시행사, 종묘제사, 외국 사신 등의 나례 행사를 관장하던 나례도감이 광해군 대에 나례청儺禮廳으로 바뀌었다가 인조 대에 혁파되고, 병자호란 이후부터는 외방재인들을 차출하는 주요 업무가 재인청才人廳으로 이관되었다.[30] 재인청은 외방재인들의 자치조직으로 1784년 나례가 폐지될 때까지 나례도감과 공조하며 산대나례를 연출하였는데, 재인들을 관리하는 업무를 재인청이 맡게 되면서 이때부터 개인이 아닌 놀이패 단위로 상송되는 일이 가능해지고 공연 내용에 대해서도 자율성이 확보되었을 것이다. 재인청의 활동을 통하여 외방재인들의 위상이 높아졌으며 나례에 참여하는 방식이 강제적인 차출에서 자율적인 참여로 전환되었다. 유동성을 지닌 외방재인들은 지방의 세시 및 벽사와 관련된 기층문화의 예술을 반영하고 독자적인 춤 예술을 보유한 단체이다. 이 외방재인들이 재인청의 섭외를 통해 국가 행사에 참여하면서, 그들이 전국을 다니며 습득한 향토예술이 서울 재인들과 자연스럽게 조합되어 기층 문화의 확대로 이어졌을 것이다. 그 대표적인 예가《기완별록》중 양주별산대 애사당법고놀이 장면에서 사당패소리* '방아타령'이 나오는 것**이다.

향토민요의 영향을 받은 사당패소리 '방아타령'이, 국가 행사에 초청된 전문 예인 집단의 양주별산대에서는 '회방아타령'으로 불러졌다. 기존 향토민요가 사당패소리와 만나면서 양적 팽창과 더불어 사당패 예술의 향토성과 기층 문화를 반영하게 된 것이다. 《기완별록》에 등장하는 국가적 나례행사는 별산대놀이로 추정된다.[31] 궁중에서 연회된 양주별산놀이의 가무악은, 결국 지방의 향토민요를 수용하면서 전달된 것이고, 이것이 다시 지역성을 지닌 놀이로 각 지방마다 자체적으로 발현되었음을 알 수 있다.

한편 《기완별록》의 양주별산대 제5과장 3경의 애사당놀이 장면에서 '놀량'·'방아타령'·'꺽음염불'과 함께 '양산도'가 사당(왜장녀)소리로 기록되어 있는데, '양산도'는 과거 사당패들이 불렀던 소리이다. '양산도'는 사설의 유희적 성격이 강한 점,

---

* 사당패는 17세기 중반 이후 민간을 돌며 염불로 시주를 걷어 사찰의 제반 경비를 충원하는 예능 집단이었다. 18, 19세기 이후 아예 사찰에서 독립하여 전국을 유랑, 공연으로 생존하는 유랑예인 집단으로 변모하였다.

** 그 흉상에 빅 반교틴 되지 못혼 어엿분 체 소리판에 ㅅ뷔어드러 번기 소고 두 다리며 가즌 놀량 ㅅ 거 ㅅ금 염불 양상도 회방아타령 셰셩 곱쳥 들을 마시 져 속에도 드러 ㅅ든가 우습고도 희괴ᄒ고 망측고도 ㅁㅇ낭ᄒ다.

경기음악 어법으로 이루어진 점, 한반도 서부를 중심으로 넓게 분포된 점 등으로 미루어 보아 사당패소리가 분명하다.[32] 기존 사당패소리로 기록되어 있는 '양산도', '꺾음염불' 등이 국가 행사 때 양주산대놀이를 통해 연희되었으며, '사자무' 역시 이러한 사당패소리로 움직였을 것으로 보인다.

또한《기완별록》에서 가장 흥미롭고 박진감 있게 표현한 대목은 야희 중 '사냥놀이'인데, 이는 동해안 별신굿의 범굿(또는 범탈굿)[33]과 매우 흡사하다. 범굿을 할 때는 소나무를 굿판 한가운데 심어 놓고 소나무 가까이 재비(악기를 연주하거나 노래를 부르거나 춤을 추는 기능자)들이 자리를 잡는다. 호랑이가 먼저 등장하여 소나무 주위를 돌면서 재주를 부리기도 하고 던져준 닭을 가지고 어르며 굿청에 모래를 뿌리는 등의 장난을 한다(닭을 어르는 장면은 '사냥놀이'에는 나와 있지 않다). 이어 막대기 총을 맨 포수가 등장하면 호랑이가 소나무 밑에 숨는다. 영일군 구룡포의 범굿에서는 포수가 등장하면서 재비와 대화를 나누며 자기 소개를 하고 노정가路程歌를 부르는 반면, 영일군 지행면의 '범굿'은 일체의 대화나 무가巫歌 없이 행위만으로 이루어진다고 한다. 포수가 총으로 호랑이를 잡고 가죽을 벗기는 의미로 호랑이탈을 벗겨 어촌계장들에게 파는데, '사냥놀이'에서는 도청에 바친다고 하였다. 포수가 등장하여 맹수를 잡는 내용을 담은 통영오광대의 포수탈과장도 '사냥놀이'와 유사하다.[34] 동해안 별신굿의 '범굿'은 '사냥놀이'와 통영오광대의 바탕이 된 것으로 여겨진다.[35] '범굿'은 액운을 없애려는 주술적인 목적으로 시작된 것으로, '사냥놀이' 또한 재앙을 물리치는 굿에 뿌리를 두고 있다.

한편《기완별록》의 '팔선녀놀이 1'에서는 진주오광대와 비슷한 내용이 나온다. 1928년 정인섭이 채록한 진주오광대에도 팔선녀와 육관대사, 성진 등이 등장하므로 '팔선녀놀이 1'과의 연관성을 짐작할 수 있다. 팔선녀가 양반광대·성진·육관대사와 춤을 추는데, 속계로 내려와 인간으로 환생한 팔선녀는 아름다운 미인으로 노장을 파계시킨 소무와 같은 성격을 지닌다. 즉, 동래야류와 통영오광대의 원양양반 대사에 나오는 색주가의 기생, 팔선녀와 유사하다. 진주오광대의 제7경은《기완별록》의 '팔선녀놀이 1'처럼 노장과장의 파계와 할미과장의 처첩 갈등이 결합된 양상을 보인다.

이처럼 국가 나례행사의 산대놀이는 각 지역별 굿의 거리, 탈놀이의 과장과 내용이나 연출이 유사하다. 전국을 돌아다니던 외방재인들이 지방 세시 및 관아 행사에 향기와 함께 참여하고, 그 연희를 통해 향토적 기층 문화를 습득하였으며, 이를 바탕으로 서울재인 및 중인들과 함께 어울려 국가 행사를 치른것이다.

| 그림 4. 11 | 근대 초기 양주별산대놀이(위), 봉산탈춤(아래) 공연 모습

탈춤의 진화 과정

필자는 대학교 1학년 때 수업 시간에 자주 언급되던 탈춤이 너무 궁금해서 도서관을 찾은 적이 있다. 도서관에 꽂혀 있던 탈춤과 관련된 수많은 책들을 꺼내어 설레는 마음으로 하나하나 펼쳐 보았지만, 곧 덮어 버리고 말았다. 책에 등장하는 온갖 낯선 용어들이 머릿속을 마비시켜 버린 것이다. 기악무, 가무백희, 산대잡극, 산대, 잡희, 나례, 나희, 산대채붕, 산대놀이, 아류, 굿놀이, 탈춤 등 탈을 쓰고 연희되는 희극적인 움직임과 관련된 용어들이 곳곳에서 산발적으로 쏟아져 나왔다. 물론 20여 년 동안 이 용어들을 자주 접하고 연구하다 보니 지금은 많이 익숙해지고 정리가 되었지만, 일반 독자들에게는 여전히 생경하고 어렵게 느껴질 것이다. 그래서 탈춤을 좀 더 쉽게 설명하고자 탈춤과 관련된 용어들을 시대별로 정리하여 분류해 보았다(〈그림 4. 12〉).

물론 탈을 쓰고 추는 춤이 유구한 역사 속에서 진화를 거쳐 여러 모습으로 변화를 거듭했기 때문에 이러한 설명이 무리한 도식화로 여겨질 수도 있겠지만, 지금도 지방 곳곳에서 펼쳐지는 탈춤들이 변화 무쌍한 형식과 구성으로 변용되고 있다는 점을 염두에 두고 본다면, 〈그림 4. 12〉를 통해 한국 탈춤이 질적 성장과 양적 팽창을 거쳐 우리에게 전해진 대표적인 전형典型임을 한눈에 알 수 있을 것이다.

탈춤은 특히 종류가 정말 많다. 면적이 작은 나라임에도 불구하고, 역사적 결절의 아픔을 겪고 큰 전쟁까지 치른 나라임에도 불구하고, 팔도마다 각각의 탈춤이 그 지역을 대표하는

| 그림 4. 12 | 시대별 용어로 정리한 한국 탈춤의 진화 과정

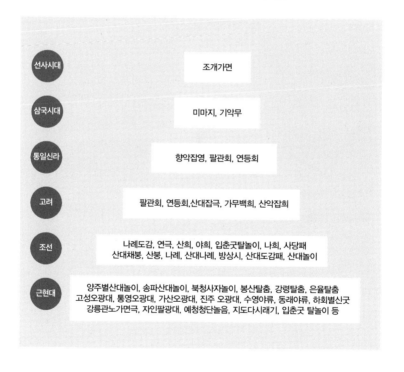

선사시대 — 조개가면

삼국시대 — 미마지, 기악무

통일신라 — 향악잡영, 팔관회, 연등회

고려 — 팔관회, 연등회,산대잡극, 가무백희, 산악잡희

조선 — 나례도감, 연극, 산희, 야희, 입춘굿탈놀이, 나희, 사당패
산대채붕, 산붕, 나례, 산대나례, 방상시, 산대도감패, 산대놀이

근현대 — 양주별산대놀이, 송파산대놀이, 북청사자놀이, 봉산탈춤, 강령탈춤, 은율탈춤
고성오광대, 통영오광대, 가산오광대, 진주 오광대, 수영야류, 동래야류, 하회별신굿
강릉관노가면극, 자인팔광대, 예청청단놀음, 지도다시래기, 입춘굿 탈놀이 등

예술로서 자리매김하고 있다는 점은 한국예술사에서 주목해야 할 부분이다. 한데 그 때문에 지역별 탈춤과 관련된 용어와 내용이 뒤엉켜 있어서, 이 또한 탈춤에 대한 이해를 가로막는 장벽이 되곤 한다. 이에 한국의 수많은 가면극, 탈놀이, 탈춤의 명칭을 그 형식에 따라 분류하여 정리해 보았다(〈그림 4. 13〉). 이

| 그림 4. 13 | 한국 탈춤의 분류 및 범위

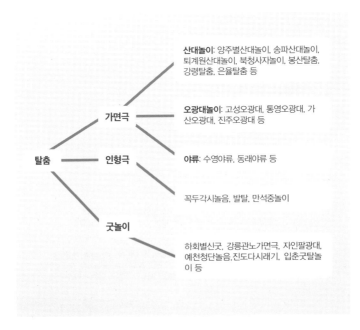

탈춤
- 가면극
  - **산대놀이**: 양주별산대놀이, 송파산대놀이, 퇴계원산대놀이, 북청사자놀이, 봉산탈춤, 강령탈춤, 은율탈춤 등
  - **오광대놀이**: 고성오광대, 통영오광대, 가산오광대, 진주오광대 등
  - **야류**: 수영야류, 동래야류 등
- 인형극
  - 꼭두각시놀음, 발탈, 만석중놀이
- 굿놀이
  - 하회별신굿, 강릉관노가면극, 자인팔광대, 예천청단놀음, 진도다시래기, 입춘굿탈놀이 등

도식 또한 한계는 있지만, 이를 통해서 한국 탈춤의 우수성, 전형으로서의 가치를 좀 더 이해할 수 있다면 그것으로 충분할 것이다.

〈그림 4. 13〉 외에도 한국에 존재하는 수많은 탈춤은 현대의 디지털 환경과 맞물리면서 콘텐츠화 및 융합화가 가속화될 것으로 예상된다. 그러한 융합의 성공적인 무대화의 예가 앞에서도 살펴보았던 2018년 BTS의 〈IDOL〉 무대에서의 탈춤 공연이다(〈그림 4. 14〉).

이 무대에서 흰 천을 세게 뿌리는 지민의 엔딩 장면은 작은 원을 만들면서 모여 있던 탈을 쓴 무용수들과 그 속에 있던 정국의 한삼 뿌리기 동작으로 연결된다. 마치 꽃봉오리에서 꽃이 활짝 개화되는 장면처럼 연출된 것이다. 곧이어 정국이 양손으로 몸체의 앞뒤를 감기도 하고 뜀뛰기를 하면서 한삼을 한 손씩 큰 원을 그리며 자반뛰기로 마무리 동작을 준비한다. 여기서의 마무리 동작은 탈춤의 무용수들이 중앙에 다 모이면서 누운 자세를 취한 정국의 몸을 무용수들의 어깨 위에 올리면서 끝이 난다.

탈춤과 함께 한 정국의 춤이 끝나면 무대 중앙에 설치된 문이 활짝 열리면서 사자춤의 연희자들과 사물패들이 무대로 등장한다. 전통적인 사물놀이의 연희 장면이 연출되다가, 무대

| **그림 4. 14** | 2018년 멜론뮤직어워드 BTS의 〈IDOL〉 무대에서 탈춤 공연

뒤쪽에서 BTS 전원이 나타나고, 그들은 무대 패턴을 원형으로 만들거나, 장단에 맞춘 발동작을 하면서 뒷꿈치를 세워 사선형을 만드는 무대 패턴까지 선보인다. 지화자, 덩기덕 쿵더러러 등의 추임새를 넣기도 하면서 자반뛰기, 한발뛰기, 상모 돌리기 등의 한국적인 움직임으로 자신들만의 무대를 만들어 낸다.

BTS의 무대는 한국 전통 예술의 가장 바람직한 미래상을 그려내는 동시에, 우리 탈춤의 전통성과 현대성의 조화로 한국 문화의 정체성까지 효과적으로 알리는 훌륭한 계기가 되었다.

제5장

춤과 부채

인류는 언제부터 부채를 만들어 사용했을까? 중국 진晉나라 학자 최표崔豹의《고금주古今註》에 보면, 중국의 순舜임금이 오명선五明扇을 만들었다고 하였다. 순임금이 요堯임금의 선위를 받아 임금이 된 뒤 현인을 구하여 문견을 넓히고자 오명선을 만들었다는 것인데, 부채의 한자어가 바로 '선자扇子'이다. 우리말 부채는 '부치는 채'의 줄임말이다. 부채는 더위를 피하기 위한 도구일 뿐만 아니라, 때로는 지위를 나타내는 신분 표시의 기능을 하며, 소중한 사람에게 선사하는 선물로 사용되기도 했다.

생활 도구에서 예술 도구로

이러한 부채가 언제부터 본격적으로 춤 예술에 사용되었는지는 정확하게 알 수 없지만, 서양과 동양의 고전춤에서 부채가 큰 축을 차지하고 있는 것은 분명하다. 특히 우리나라에서는 부채가 더위를 식히는 생활용품적인 기능 외에도 다양한 용도로 소용되었다. 판소리의 소리꾼은 부채를 접어 소리를 하다가 특정 대목에서 펼쳐 들면서 장면의 전환을 연출하고, 부채로 소리의 균형을 맞추기도 한다. 무당도 부채를 든다. 부채는 방울과 함께 굿 연행의 효과를 높이는 훌륭한 도구이다. 줄타기 광대들은 부채로 바람의 균형을 맞춘다. 그렇다면 춤에서는 부채가 어떻게 사용되었을까? 또 어떻게 독립적인 단독의 '부채춤'으로 진화적 이동을 했을까?

독립된 작품으로서 '부채춤'은 근대 최승희의 부채춤 이후 사용된 명칭이다. 그렇다고 부채춤의 시작을 근대라고 하는 것은 매우 성급한 의견이다. 여기서는 부채라는 도구를 사용한 시점부터 부채춤의 역사를 되짚어 보고, 특별히 부채를 들고 있는 춤을 전문적으로 예술화시킨 춤추는 여성들에 주목하려 한다. 전통사회에서 무구舞具춤을 독립된 전문 춤 종목으로 만든 주역이 바로 춤추는 여자들이기 때문이다. 이와 함께 무구를 사용하는 춤의 기록을 포함하여 여러 학술적 조각들을 두루 살펴보자.

조선 후기 향기들은 닷새마다 도기都妓(조선 시대에 관아에 속한 기생의 우두머리, 행수기생)에게 교방춤과 선상을 통해 익힌 궁중춤을 전수받았다. 향기들은 전문 예인으로서 고을의 동제 및 각종 세시행사에 참여했고, 이들의 전문적인 춤은 민속춤과 공유되면서 적잖은 파급력을 가지게 된다. 그러나 아쉽게도 민속춤에 대한 기록이 많지 않아 교방춤의 유입 시점과 종목을 추정하기가 쉽지 않다. 그나마 제주도의 '입춘굿탈놀이'를 비롯한 몇몇 도상이 남아 있어 이를 통해 향기 춤의 전문성과 구체성이 민속춤으로 영입되는 과정을 유추할 수 있다. 먼저 조선 헌종 대 제주목사 이형상이 쓴 《탐라록耽羅錄》(1841)의 '입춘일념운立春日拈韻'[1]을 보자.

12월 24일 입춘날 호장戶長이 관복을 입고 나무로 만든 목우木牛를 끄는 쟁기를 잡고 가면 좌우 양쪽에 어린 기생이 부채를 흔들면서 따르니, 이를 '쉐몰이(退牛)'라 한다. 심방들은 신명나게 북을 치며 앞에서 인도하고, 먼저 객사客舍로부터 시작하여 차례로 관덕정 마당으로 들어와서 '밭을 가는 모양'을 흉내 내었다. 이날은 관아에서 음식을 차려 모두에게 대접하였다. _ 《탐라록》

탐라왕이 '적전籍田'(임금이 몸소 농민을 두고 농사를 짓던 논밭. 그 곡식으로 신에게 제사를 지냈다)을 경작하는 풍속을 이어서 1841년 12월 24일 입춘날에 펼친 '입춘굿탈놀이'의 전모를 객관적으로 묘사하고 있다. 입춘굿은 민民을 대표하는 호장이 앞에 서면 제의를 주관하는 심방(제주도에서 무당을 가리키는 무속용어)과 향기들이 흥을 돋우고 관에서는 장소와 음식을 제공하는 민民·관官·무巫가 하나가 된 행사임을 알 수 있다. 이 굿은 크게 청신淸神(낭쉐제작·낭쉐제사)→오신娛神(낭쉐놀이·입춘점·춘경탈놀이)→송신送神(여민동락·굿놀이)의 제의적 구조를 보여 준다. 이때 향기는 오신娛神과 마지막 송신送神에 참여하여 부채를 들고 추는 춤을 추었다. 입춘굿탈놀이는 다섯 과장으로 구성되어 있는데, 이 중 넷째마당이 '기생들의 춤'이다(〈그림 5. 1〉). 이 과장은 향기들의 춤으로 이루어졌으며 걸궁패들이 합

| **그림 5. 1 |** 1914년 '입춘굿탈놀이' 모습

세하여 잔치판의 흥을 돋운다. 향기의 전문적인 '무구춤'이 민속문화로 전이된 대표적인 양상 중 하나이다.

이 같은 양상은 1832년에 제작된 수국사 대웅전 〈감로도〉에서도 발견된다. 앞서 2장에서 보았듯〈〈그림 2. 19〉 참조〉 〈감로도〉에 많은 예인들이 등장하는데, 그중 여자 무인舞人들이 짧은 하얀색 한삼을 착용하고 음악에 맞춰 춤을 추는 모습을 확인할 수 있다. 이들은 같은 형태와 방향을 유지하여 앉아 있으며 상체의 팔 동작과 한삼의 끝이 젖혀진 방향이 일치하는 것으로 보아 의도된 동작 구성의 군무를 하고 있음을 알 수 있다. 공연

| 그림 5. 2 | 피바디에섹스박물관 소장 〈평양감사향연도〉 부분. 관기가 한삼을 들고 춤을 추는 모습을 확인할 수 있다. 한삼 등의 소도구를 사용하는 춤의 경우 많은 연습이 필요하다

예술에서 동일한 춤을 추는 군무는 춤 교습의 실제적 경험이 축적되어 오랜 기간 함께 작품을 연습한 무인舞人들의 조합일 때 가능하며, 소도구를 활용하여 춤을 추는 경우는 맨손으로 추는 군무보다 더 많은 연습량이 필요하다. 〈그림 5. 2〉에 등장하는 무인舞人은 다른 그림에 등장하는 향기들과 매우 유사한 형상을 보이며, 연희에 참여한 관기들의 모습과 춤 형태와도 비슷하여 관기 또는 향기로 볼 수 있다.

무구를 들고 동일하게 춤을 추는 것은 오랜 연마를 바탕으로 하는 전문성이 요구되는 행위이다. 교방의 춤문화와 기술을 답습한 향기들은 관아의 각종 행사에 동원되면서 세시문화에서 춤의 전문성을 발휘할 수 있었다. 그러나 아쉽게도 민속춤으로 영입된 그 춤들은 민속춤의 즉흥성, 일시성, 종합성의 특성으로 인해 전승되는 데 한계를 가질 수밖에 없었다. 다행히 입춘굿탈놀이는 총 5과장 중 '기생과장'이 영입되어 있어 민속춤 속에서 향기 춤의 단독성, 구체성, 전문성을 유지하며 전승되고 있다.

평범할 수 있는 몸의 움직임에 부채를 사용한 리듬감과 형태를 더해 하나의 작품으로 만들어 내는 것은, 전문적인 기술성과 심미적인 예술감을 작품으로 실현시킬 수 있는 주체가 있어야 가능한 일이다. 그들이 춤을 배우고 익히며 기술을 연마함은 물론이고 늘 더 나은 춤을 추고자 생각하고 노력하였기에, 과거의 춤을 발전시켜 다음 세대에게 물려줄 수 있었던 것이다. 그들은 카메라나 비디오가 없는 환경에서 오직 사람 대 사람으로 자신들의 춤을 전했다.

| 그림 5. 3 | 신윤복, 〈전모를 쓴 여인〉(《여속도첩》)에서 부채를 들고 있는 기생의 모습

| 그림 5. 4 | 〈사계풍속도〉 부분. 관기가 부채 춤을 추고 있다

오랜 역사 속에서 한국춤이 진화를 거듭하며 전승되어 오늘날 우리 곁에서 함께할 수 있는 것은, 수많은 익명의 춤추는 여성들이 있었기에 가능했다. 결절, 급변하는 근대에도 춤추는 여자들은 춤을 추고 춤의 길을 걸었다.

근세에서 근대로 이어진 춤 풍경

우리의 근대는 어떠한 준비도 없이 일본에 의해 반강제로 맞이하게 된 까닭에 모든 것이 혼란스럽고 불안할 수밖에 없었다. 조선 후기 지방 교방에서 예술 활동을 수행했던 예인들 또한 유동적인 상황에 맞춰 춤을 이어 가야 했다. 근세에서 근대로 넘어오는 이 시대는 우리 춤의 역사에서 매우 중요한 시기이지만, 불행하게도 혼란스러운 시대 배경으로 인해서 춤 연구가 가장 부족하고 미약한 편이다. 왕정의 시대가 끝난 근대 초기, 한국의 춤이 극장 공연을 통해 대중들에게 알려지고 무형적 유산으로서 인식되기 시작하던 시기임에도, 외부 세계에서 새로운 움직임인 뛸 '용踊'이 들어온 시대임에도, 이 시대 연구는 소수의 특정 인물과 장르에만 치중되어 있다.

이처럼 불운한 시대적 환경과 열악한 연구 기반 속에서도 우리의 전통춤이 오늘날까지 존립할 수 있었던 것은, 당시 춤추는 여자들 덕분이다. '이왕직아악부'(일본이 국권을 침탈한 뒤 조선의 전통 음악기관인 장악원을 지속적으로 축소 격하시키며 설립한 기구)와 권번(기생조합)에서 활동했던 춤추는 여자들이 있었기에 우리 전통춤이 명맥을 유지할 수 있었던 것이다. 유독 이 시대 춤추는 여자들에게 눈길이 가고 깊은 애정을 느끼는 것도 이 때문이다.

1908년 일제는 기생 관리를 장악원에서 경시청 담당으로 이관하고, '기생단속령'과 '창기단속령'을 발포해 전면적으로 관리하게 된다. 국권을 상실한 뒤 관기제도가 없어지면서 흩어졌던 기생들은 조합을 결성하는데, 최초의 조합이 서울의 광교조합廣橋組合이다. 광교조합은 이후 한성권번漢城券番으로 개칭된다. 이어서 1923년 조선권번이 설립된다. 전성욱全聖旭이 서울 낙원동에 종로권번을 설립하여 세 조합이 경쟁하며 유명한 예인들을 배출하고, 이 후 세 권번이 병합하여 삼화권번三和券番을 발족시키기도 했다. 권번의 수업 기간은 1년에서부터 3년까지 다양했으며, 졸업 규정으로는 삭회朔晦(권번 소속 기생들이 자치적으로 기강과 규율을 지켜나가기 위해 매달 한 번씩 가진 모임)와 연주회 등이 있었다고 한다.[2]

지방에도 권번이 설립되었다. 평양의 기성권번箕城券番을 비

| 그림 5. 5 | 평양기생학교에서 춤을 배우는 기생들의 모습을 담은 엽서

| 그림 5. 6 | 평양기생학교 시조창 수업

롯하여 광주, 남원, 달성, 경주, 개성, 함흥 등지에 권번이 생겼다. 권번들은 제2차 세계대전이 치열해질 무렵 거의 폐쇄된다. 권번에서는 예인으로서 배워야 하는 시문詩文·음곡音曲·습자習字·가무歌舞·예의禮儀를 가르쳤다. 음곡은 주로 가곡歌曲과 가사였고 춤은 정재呈才가 중심이 되었다. 이후 시조와 경기잡가·서도잡가·민요 등을 추가해서 가르쳤고, 춤도 민속과 교방문화 원형을 지닌 춤을 연습하여 익혔던 것으로 보인다.

춤의 표현 수단이 사람의 몸이기 때문에, 춤에 대한 시선은 몸에 대한 시선과 맞물린다. 그리고 여성의 몸, 여성의 움직이는 몸에 대한 전통적·종교적·사회적 시선들은 시대와 공간에 따라 다양한 변화를 겪으면서 수많은 공연예술로서의 춤으로 이어지고 있다. 다소곳한 몸가짐과 무조건적인 절제를 여성의 덕목으로 여기는 사회 분위기에서 춤추는 여자에 대한 따가운 시선과 수많은 금기에도 불구하고, 예술적인 열정과 몰입으로 춤을 추었던 여성들이 있었기에 오늘날 한국의 전통 공연예술이 보전되었다고 해도 과언이 아닐 것이다. 즉, 조선시대 교방에서 근대 권번에 이르는 역사적 배경 그 자체가 바로 우리가 잊지 말아야 하는 중요한 예술사인 것이다.

그래서 나는 근세와 근대의 시간 속에서 춤을 춘 여성들을 이렇게 말하고 싶다. '쓰지 않고서는 안 되는 사람, 움직이지 않고는 안 되는 사람, 만들지 않고서는 안 되는 사람', 이들이 예술가이다. '작作'하지 않고서는 못 견디는 사람. 옛 사람들은 이처럼 참을 수 없이 넘치는 표현 욕구를 '기양技癢'이라고 하여, 아무리 긁어도 해소되지 않는 가려움증에 비유했다. 그 가려움증은 오직 자기만의 예술로 표현할 때 잠시 가라앉을 뿐이다.

춤추는 여자의 역할과 개념은 시대 흐름에 따라 진화하여 전통예술의 모태 시기라고 할 수 있는 18·19세기 이르러 여공인 女工人, 기악妓樂, 여기女妓, 기생妓生, 기妓, 관기官妓 등으로 다양하게 명명되었다. 실학사상의 전개, 민중예술의 발전, 경향京鄉 간의 문화 유통이 활발했던 변화의 물결 속에서 춤추는 여자들(舞技)은 다양한 호칭만큼이나 새로운 방법과 태도로 그들만의 예술을 표현했다. 그러나 계급, 여성, 젠더 등의 문제들이 근대화 과정의 모순과 엉키고 덩어리져 농축된 '스티그마stigma'로 남았다. 우리 문화의 정체성과 전통문화의 중요성이 대두되는 지금 '스티그마'에 가려진 무기舞技의 예술을 이제는 양지에서 새로운 눈으로 바라보는 넓은 이해가 필요하다. 그러한 시각을 바탕으로 그들의 모습을 들여다보자.

| **그림 5. 7** | 족두리와 오색 쾌자를 입은 춤추는 여성들

| **그림 5. 8** | 다양한 공연 의상을 입고 무대에서 선 춤추는 여성들

| 그림 5. 9 | 서양 음악과 조우한 춤추는 여성들

| 그림 5. 10 | 서양 공연 문화를 습득한 춤추는 여성들

최승희가 있었기에 부채춤이 있었다

근세부터 모습을 드러낸 부채를 들고 추는 춤은 근대 이후 본격적으로 작품으로서의 면모를 갖추게 된다. 그 중심에 세계적인 무희 최승희가 있다. 물론 최승희가 처음부터 근세로부터 내려온 부채춤을 작품화하고 무대화한 것은 아니다. 최승희의 작품 스타일은 그가 살았던 시대 만큼이나 급변했는데, 여기서는 그 내막을 살펴봄으로써 부채춤이 대표적인 한국춤이 된 과정을 살펴보려 한다.

최승희는 전통사회부터 내려온 근세의 기법과 형식ㆍ정신을 담은 부채를 들고 추는 춤을 전문화하여 국내는 물론 국외까지 부채춤의 아름다움과 우수성을 알렸다. 세계적 무희였던 최승희의 삶과 춤, 그리고 춤 스타일의 변화 이유와 그로 인해 탄생한 부채춤의 숨은 이야기를 들여다보자.

근세 문화를 이어온 근대 춤 예술

예술은 새롭게 변화하는 현실을 그려 내는 직접적이고 필수적인 인류의 표현 양식이다. 모든 예술은 시대정신에 의해서 양식화되어 왔으며, 그와 동시에 한계를 극복하며 변함 없이 발전해 왔다. 우리나라에서도 1876년 개항과 더불어 서구 열

강과 일본에 의하여 기존의 전통적인 요소와 서양의 문물이 접목되면서 새로운 근대*예술 양상이 출현하였다. 무용사에서는 1926년 경성공회당에서 열린 일본의 현대무용가 이시이 바쿠石井漢의 공연을 한국 최초의 신무용**으로 본다. 한국 신무용은 이시이 바쿠의 영향으로 직접적으로 최승희 · 조택원에게 전승되어 현재의 신무용으로 이어지게 되었다.

춤이나 무용의 문외한들도 최승희의 이름은 들어 본 적이 있을 것이다. 그만큼 그녀가 남긴 업적과 명성은 대단했다. 한국 무용사에서 '신무용'의 시대를 별도로 두고 그 용어를 일반명

---

* 근대에 대한 논의는 매우 복잡하지만 한국사에서는 '근대'를 1876년 강화도조약을 시점으로 1945년 해방까지의 시기로 구분짓는다. 이 시기는 신무용 제1세대인 최승희와 조택원이 활동했던 시기이기도 하다.

** 오승지는 〈조택원예술활동을 통한 가치 재인식〉(《대한무용학회 논문집》 제42집, 94쪽)에서 ①서양식의 양洋의 춤, ②신식의 춤, ③신문화를 갈구하던 시대에 창의적 요소를 가미한 춤, ④한국의 독자적인 춤 양식과 미의식, 그리고 창조적 신체 움직임으로서 주제를 전개하는 새로운 시·공간적 극장 종합무대예술로서의 민족무용, ⑤전통적 한국무용을 시대에 부흥하게끔 창조적으로 만든 무용사조에 바탕을 현대 감각에 두고 현대 무용운동으로서의 이념과 방법으로 창조되어지는 새로운 한국무용의 실체이며 활동이고 형식이자 체계"를 뜻한다고 하였다. 그 외에 "무대화 초기 단계인 원각사 시절의 각종 춤을 비롯하여 로국(러시아)의 민속무용, 댄스, 서양무용, 발레, 서양음악에 맞추어 추던 창작춤, 한국민속무에 바탕한 창작춤 등 모든 춤을 포괄하여 신무용"(이애순, 2002, 35쪽)이라는 등 다양한 견해가 있다.

사처럼 사용하게 된 것도, 최승희의 독보적인 존재감과 영향력 때문일 것이다. 신무용이라는 용어에서 새롭다는 의미의 '신新'은 그 이전과는 확연하게 완전히 다르다는 혁신을 의미하는 상대적인 용어이다. 기존의 방식과는 완벽하게 다른 새로운 춤이라는 의미로 신무용이라는 용어가 만들어지고, 많은 사람들이 이에 공감하여 널리 통용된 듯하다. 이에 대해 조동화는 신무용의 시기를[•••]1926~1928년으로 구분하면서 "신무용과 근대무용을 동일한 개념"[3]으로 다루고, 더불어 "한국의 근대무용은 1926년 3월 21일부터 3일간 경성공회당에서 공연되었던 일본 이시이 바쿠의 신무용에서부터 시작되었다"[4]라고 했다. 이시이 바쿠가 보여 준 춤이 그 이전과는 완전히 다른 새로운 춤이었고, 그 영향을 받은 최승희·조택원이 그 춤을 배워서 활발한 춤 활동을 했던, 그 일련의 시기와 사람과 공간을 근대무용의 시대로 본 것이다.

[•••] 조동화는 '신무용은 노이에 탄츠의 일역으로 도입된 이른바 근대무용 그것이다'라고 하며, 반주은은 '하나는 서구적 무용, 즉 발레, 현대무용을 포함한 여러 가지 형태의 외국무용이고, 다른 하나는 한국적 현대무용이다', 안제승은 신무용을 '사조의 바탕을 현대적 감각에 두고 현대무용운동으로서의 새로운 이념과 방법으로 새로운 한국무용을 창조해 가려는 활동이자 그 체재이며, 그 결과로서 현현된 실체로 정의했다. 문애령, 〈표현주의 현대무용의 한국도입과정에 대한 고찰〉,《대한무용학회 논문집》제36호, 2003, 23쪽 재인용.

| **그림 5. 11** | 일본 최초의 현대무용가 이시이 바쿠

이시이 바쿠는 '무용시* 운동'의 대가인 최초의 일본 현대무용가로 이사도라 던컨Isadora Duncan · 달크로즈Emile Dalcroze 류의 무용시, 곧 율동적 체조 형식의 현대무용을 도입한 암시적이면서도 표현주의 중심의 예술작품을 선보였다. "새로운 음악과 새로운 무용은 먼저 대중으로부터"라는 프랑스 사상의 영향을 받은 이시이 바쿠는 스스로 본인이 추는 춤이 그 이전 시대와 다른 '새로운' 춤이라고 인식했으며, 근대적 개인의 정형이 뚜렷한 이미지즘imagism을 보여 준다. 이러한 이시이 바쿠의 공연을 본 최승희와 조택원은 그에게 춤을 배우기 위해 일본 유학을 떠난다.

이시이 바쿠는 당시 모더니즘 예술사조의 선봉이었던 프랑

---

* 신무용에서 삶의 단면에 대한 인상을 서정적으로 묘사하되 호흡이 짧은 작품. 감정 표현을 강조한 예술무용.

스에서 춤을 배웠다. 모더니즘이 맨 처음 시작된 곳은 프랑스였다. 예술의 메카로 불리는 프랑스는 새로운 예술사조나 전통이 배태하고 성장하는 데 적합한 지적 풍토를 제공해 왔고, 프랑스에서 탄생한 새로운 예술사조는 곧 영국이나 독일 등 유럽의 다른 나라들과 미국으로 전파되었으며, 점차 유럽과 북미대륙을 벗어나 전 세계로 널리 퍼져 나갔다.

예술사조로서 모더니즘modernism의 개념과 본질을 이해하려면 먼저 '모더니티modernity'와 '모더니즘'을 구별할 필요가 있다. '근대성'이나 '현대성'으로 번역되는 모더니티는 주로 역사적·철학적 개념으로 사용된다. 잘 알려진 바와 같이 서구 역사는 크게 고대·중세·근대의 세 시기로 구분되는데, 이 세 시기는 빛과 어둠의 이미지로 표현되곤 한다. 즉, 고전주의로 규정되는 고대는 빛의 시대, 중세는 암흑기로 일컬어지는 어둠의 시대, 르네상스로 시작되는 근대는 어둠에서 해방되는 재생 혹은 부흥의 시대로 간주된다. 한편 제임스 조지 프레이저James George Frazer는 《황금가지The Golden Bough》에서 고대를 마술의 시대, 중세를 종교의 시대, 근대를 과학의 시대로 규정하기도 했다.[5] 한마디로 말해서 근대는 정치적·경제적·사회적·군사적·문화적 측면에서 혁명적인 변화가 일어난 시기이며, 이와 연관된 용어가 모더니티라고 할 수 있다.

곧, 모더니즘이 특정 시대에 국한되는 절대적이고 질적인 개념이라면, 모더니티는 어느 시대에나 나타날 수 있는 상대적이고 양적인 개념이다. 또한 모더니티가 역사 및 철학 이론에 사용되는 용어라면, 사회경제적인 측면에서 모더니티가 실제로 실행되는 과정을 지칭하는 용어는 모더니제이션modernization(근대화, 현대화)이다. 이와 달리 모더니즘은 '이즘'이라는 접미어가 의미하듯이 어느 한 집단이 공통으로 지니고 있는 일련의 원칙이나 입장 또는 태도를 가리킨다.

구체적으로 모더니즘은 19세기 말엽부터 20세기 전반에 걸쳐 서구 예술에 풍미한 전위적이고 실험적인 예술운동을 가리키는 표현이다. 모더니즘은 문학뿐만 아니라 거의 모든 예술 분야에 걸쳐 매우 폭넓게 나타난 사조였다. 비록 정도나 규모 또는 강조점은 다르지만 문학을 비롯하여 음악, 미술, 조각, 건축, 영화, 댄스 등 거의 모든 예술 분야에서 가히 혁명적이라 할 만한 큰 변화가 일어나기 시작하였다. 이시이 바쿠 역시 당시 모더니즘의 영향 아래서 작품 활동을 하였고, 최승희는 그러한 스승에게 3년 동안 춤 수련을 받았다. 이후 1927년 일본과 조선에서 데뷔 무대를 가진 최승희의 춤 스타일은 〈그림 5. 12〉와 같다.

고전적인 부채춤을 추는 최승희의 모습과는 완전히 다른 모

| 그림 5. 12 | 1927~1933년 초창기 최승희 작품 스타일

습임을 알 수 있다. 20세기 작품이지만, 100년 뒤인 지금의 시선으로 봐도 참으로 세련되고 아름답다. 하지만 당시 사람들과 사회 분위기는 이 작품에 대해 그리 호의적이지 않았다. "시종일관 주먹으로 하늘을 찌르는 듯한, 너무나 고답적이어서 당시의 지식인도 거의 이해하지 못하고"(《동아일보》 1930년 10월 26일자) 등의 평에서 알 수 있듯 관객의 공감을 불러일으키지 못했다.

Y·H의 '崔承喜 第二回 公演을 보고'가 게재되는데 필자는 이 平을 통해 "崔承喜의 조선춤은 템포가 빠르고 다양성이 있었다

고 지적하고 조선춤 좋아하는 사람은 개악이라고 생각할지 모르나 자신의 생각에는 흥미 있게 여겨짐, 남자 댄스가 없어서 유감이고 통속화의 필요에서 나온 것 같은 재즈와 홀라홀라식 프로그람은 없는게 좋았다"는 의견을 피력하고, 그는 또 육체적 조건의 핸디캡을 용감히 싸워 나가는 노력이 좋았으며, 광선의 이용이 만족치 못했다고 하고 관중의 교육을 위해 지도적 설명서 첨부와 막간을 이용한 해설을 하는 것이 좋을 뻔했다는 의견이 삽입 있음.

_ 〈동아일보〉, 1930년 10월 26일자

이러한 평가는 당시 일반 대중이 서양춤에 대한 인식 수준이 높지 못했고, 유교적 사고방식의 영향으로 겉으로 표출해 내는 표현 방식의 춤을 곱게 보기 어려웠던 때문으로 짐작된다. 과거의 고정관념을 극복하지 못하고 사회적 공감대 형성에 실패하여 대중적인 인기와 관심을 불러일으키지 못한 최승희는 1933년 다시 일본 이시이 바쿠 무용소로 돌아가 배움에 전념한다. 이때 최승희는 자신이 태어나고 몸담았던 곳의 춤에 관심을 가져 보라는 이시이 바쿠의 충고를 듣고, 귀국하여 전통춤의 대가인 한성준을 찾아간다. 한성준에게 전통춤의 기법을 배운 뒤 최승희의 춤 세계는 엄청난 변화를 보여 준다. 그 대표적인 작품이 〈에헤라 노아라〉, 〈승무〉, 〈영산춤〉, 〈마을의 풍작〉,

〈무녀춤〉, 〈신라의 벽화에서〉, 〈세가지 멜로디〉, 〈검무〉, 〈보살춤〉 등이다. 이 작품들은 전통춤을 현대화하여 한국적인 전통과 서구의 춤을 성공적으로 접목시켰다는 극찬을 받는다.

그녀의 폭발적인 인기는 무용뿐만 아니라 당시 일본 대중문화 전반으로 확대되었고, 최승희는 각종 광고의 모델로 또 영

| 그림 5. 13 | 1934~1945년 중반기 최승희 작품 스타일

화주인공으로 활동하게 된다. 뿐만 아니라 〈무녀〉, 〈조선풍의 듀엣〉, 〈아리랑〉, 〈검의 춤〉, 〈초립동〉, 〈화랑춤〉 등의 작품으로 구미 각국을 돌며 순회공연을 가져 '동양의 무희'라는 찬사를 받는다. 여기서 우리가 주목할 춤은 최승희 부채춤이다.

원조 한류 스타, 최승희 춤의 비밀

근세 문화의 전통적 요소 및 양식을 토대로 현대적인 세련미와 구성미를 조화시킨 최승희의 '부채춤'은, 필자가 이 책에서 말하고자 하는 '전형典型'의 대표적인 예라고 할 수 있다. '전형'의 의미를 선명하지 않고 의미도 없어 보이는 흐릿한 무형의 것들을 전문적·예술적으로 선명하게 진화시키고 그 대상을 시대의 흐름 속에서 갈고 닦아 발전시킨 예술이라고 할 때, 그것은 곧 '예술을 통해 보다 나은 성숙한 삶이 가능하다'는 유네스코 인류무형문화유산의 정신과도 부합한다. 이외에도 근대의 전형으로서 '부채춤'은 우리에게 많은 시사점을 던져 준다.

우선 최승희의 '부채춤은' 기존의 모더니즘, 즉 무조건적으로 서양의 것을 무분별하게 수용한 예술 형태가 아니다. 다시 말해, 한국의 모더니즘은 전통과의 대립·단절·차단을 바탕으로 한 서양적인 것의 완전한 수용이 아니라, 전통사회로부터 내려온 정신과 형식을 존중하면서 시사적인 발전 요소들을 조화시킨 것이라 할 때, 이는 '전형'으로서 부채춤이 지닌 의미와 일맥상통한다.

한국 신무용과 모더니즘은 각기 다원적인 개념과 특성을 지니고 있어서 그 관계성을 도출하기가 쉽지 않다. 하지만 근대의 '부채춤'을 통해서 보면 전통적 기법을 바탕으로 한 창조적인 무용이 한국 신무용의 의미라고 할 수 있고, 이는 한국적 모

| 그림 5. 14 | 1934~1945년 도구 들고 추는 춤을 작품화한 최승희의 춤 | 그림 5. 15 | 부채춤을 추는 최승희 초상화. 고 변월룡 작, 1954

| 그림 5. 16 | 최승희의 부채춤 공연 모습

더니즘은 모더니즘=서구 문물이 아니라 "전통성과 근대성의 조화"를 강조한 T. S. 엘리엇T. S. Eliot의 견해와 맥락을 같이한다. 한국 부채춤이 지닌 신무용적 성향은 전통과 인습의 완전한 배타가 아닌 전통과 근대가 조화된 자생적인 것임을 재인식할 필요가 있다. 그렇게 생성된 부채춤은 한국을 대표하는 우리춤으로서 그 맥을 발전시키고 있으며, 2014년 10월에는 이북5도 무형문화재로 지정되었다. 최승희의 제자인 김백봉에 의해서 지정된 이 춤은 국내뿐만 아니라 국외의 문화예술행사에서도 대표적으로 연희되고 있으며, 전승 활동 또한 활발하게 진행되고 있다.

    이북5도 무형문화재 제3호인 '부채춤'이 지닌 뛰어난 예술성을 꼽는다면 꽃의 모습, 꽃의 개화, 꽃의 움직임을 부채를 들고 추는 여자들의 움직임으로 표현했다는 점이다. 그 표현의 완벽성과 아름다움은 부채춤이 지닌 독보적인 특성을 잘 부각시킨다. 부드러운 곡선과 자유자재로 변화하는 다양한 형상들은 움직이는 한 폭의 꽃 그림을 보는 듯한 착각을 일으킨다. 부채춤이 지닌 아름다움의 폭과 너비는 그만큼 깊고 넓다. 특히 이 춤의 주된 곡선의 표현은 태극 무늬로서, 한국적 또는 동양적 사상과 개성을 함축적으로 강력하게 표현하고, 그 표현들의 연결을 통해서 부채춤 만의 독특한 아름다움을 자아낸다.

한국춤 진화의 비밀

사실 한국춤의 뿌리는 하나다. 우리춤은 살기 위한 본능적인 움직임으로부터 시작하여 역사적 환경 속에서 끝없는 수용과 변용의 진화적 이동을 거듭하면서 질적 성장과 양적 팽창을 거듭해 왔다. 다만 춤이 지닌 특수성으로 인해 그 과정을 세세히 밝힐 수 없을 뿐이다. 그래서 이 책에서는 인간 진화의 상징이자 그 진화의 사실적 징표가 될 수 있는 '도구를 들고 추는 춤'의 이동 과정을 추적하고자 했다.

그 과정에서 중요한 것은 첫째, 한국의 춤은 하루아침에 갑작스럽게 만들어진 단편적인 춤이 아니라 오랜 시간, 많은 예인, 여러 사회를 이동하면서 예술화 또는 작품화되었다는 것이다. 또한 그 수가 다른 나라에 비해 많은 편이며 지금도 우리와 함께 존립하고 있다는 점이다. 둘째, 이러한 우리춤 문화 형성의 욕구, 도구, 기술, 인물, 작업에 대한 총체적인 이해를 바탕으로 우리 예술의 정체성 및 미적 성향을 도출해 낼 수 있다는 것이다. 그리고 마지막으로 우리 춤은 진화한다는 사실이다.

한국의 춤이 이렇게 진화할 수 있었던 배경(원인)은 무엇일까? 이 책에서는 한국춤 진화의 중요한 배경을 사람, 도구, 기술로 접근했다. 먼저, 춤 예술의 주체자인 사람이 있었기에 한국의 춤은 진화할 수 있었다. 인간은 자신의 감정을 본능적이든 가공적이든 표현하고자 한다. 몸은 이때 가장 원초적이면서도 쉽게 표현할 수 있는 도구가 되며, 몸의 기술이 움직임이 되고 춤사위가 된다. 비일상적인 행위들이 상징 코드로 완성되기까지 춤추는 사람들은 동작을 연마한다. 동양 또는 한국에서는 그것을 '도'를 닦는 수련의 시간으로 보고, 예술을 완성하려면 이것이 가장 기본이 되어야 한다는 마음과 태도를 지니고 있었다. 한국춤의 기본을 다지고 춤의 길을 걸어야 한다는 사명감도 함께 다진다. 이러한 연마는 단순한 동작 기술마저도 도의 경지로 보일 수 있는 양생주養生主*의 기운까지 풍길 수 있는 것

---

* 양생주란 생명을 보양하는 근본적인 도란 뜻이며, 세상을 살아가는 데 있어서 오욕五慾을 버리고 '도'를 따르는 것이 참된 삶을 누릴 수 있다는 것이다. 여기서 포정庖丁이 소를 잡는 일을 반복적이고 단순한 노동으로만 생각했다면 포정이 다루는 칼에서 나오는 소리는 소리일 뿐이다. 현실을 받아들이고, 그 현실 속에서 최선의 모습을 다하는 기술은 곧 참선의 방법이고, '도'의 경지로 가는 과

이다. 이러한 몸 움직임, 동작의 기술을 달성하는 단계에서 인간은 표현의 영역을 구사하면서 끝없는 변화를 추구하게 된다.

인간은 본능적이든 의도적이든 표현하기를 좋아한다. 특히 예술가들은 본인의 정신, 마음, 상상을 가장 자기다운 방식과 방법으로 상징화하고자 한다. 그리고 몸의 움직임만으로는 부족하다고 여기거나 더 효과적으로 표현하고 싶을 때 예술가들은 적합한 외부적인 요소 도입하여 자신들의 작업에 동원시킨다. 흥미로운 사실은 이러한 기술이 계속 변화한다는 것이다. 그렇게 한국춤의 도구 사용도 시대별로 변화를 거듭하였다. 몸의 기술을 바탕으로 시대의 요구에 걸맞게, 때로는 시대를 앞서가는 혁신의 방법을 동원하여 선대의 예술을 당대가 원하는 진행형의 예술로 만든 것이다. 그래야만 그 예술은 죽지 않고 당대 사회에서 사람들 사이에서 향유되고 기억될 수 있다. 그러한 공감대가 지속적으로 후대에 전해진다면 그것이 바로 불후의 명곡, 불멸의 고전예술이 되는 것이다. 그렇게 수많은 예

정인 것이다. 이미 포정의 기술은 '도'의 경지이다. '춤'에 있어서도 사지를 움직이는 형태적 모습만을 만드는 것은 동작일 뿐이다. 동작과 동작을 연결시키는 그 사이의 채움이 바로 '도'의 경지인 것이다. 이러한 경지는 오랜 기간 스스로 참선하면서, 꾸준히 수련할 때 자연적인 이치처럼 나타난다. 바로 이것이 '우리 춤'의 정신이다.

술이 탄생하고 전승되고 사라지면서 오늘날까지 존립한 예술이 남게 된 것이다.

몸의 움직임을, 무용가의 메시지를 동시대 사람들과 공감하고, 또 후대에 훌륭한 예술로 기억되려면 춤과 기술의 공진화는 필수적인 과정이다. 예술로서의 한국춤은 계속 진화해야 하며, 그 진화의 과정에서 우리는 좀 더 성숙된 사고와 상상을 할 수 있다. 예술이란 좀 더 나은 삶을 위한 도구 · 목적 · 결과임을 알고, 현재의 예술을 어떻게 진화시킬 수 있는지, 그 예술로 어떻게 좀 더 성숙된 사람 · 사회 · 국가를 만들어 갈 수 있는지 고민해야 할 것이다.

코로나의 등장으로 갑작스럽게 바뀐 우리의 일상, 뉴노멀 New Normal 시대 새로운 변화는 우리에게 한국춤에 대한 새로운 시선을 요구한다. 앞으로 다가올 비대면, 개인주의, 디지털의 생활화를 '언택트 디지털 인디펜던트Untact Digital Independent'라고 한다면, 한국춤은 '콘택트 아날로그 인터디펜던트Contact Analog Interdependent'라고 할 수 있다. 한국춤은 사람과 사람이 직접 만나서, 실체적인 몸을 통하여 협업의 결과물을 만들어 내는 예술이기 때문이다. 이처럼 시대적 요구와는 상충되는 성향의 한국춤이 미래에 어떤 방향성을 가져야 할지 본질적인 탐구를 해야 할 시점이다.

옛것에 대한 원형 보존 관념에 갇혀 옛 모습 그대로 극장에서 집단적으로 공연되는 한국춤의 표현 의식과 방식도 변화해야 하지 않을까? 관객들은 더 이상 시간과 돈을 지출하면서 한정된 공간에서 많은 사람들과 함께 공연을 감상하기를 원하지 않을 것이다. 언제 어디서든 손쉽게 안전한 상태에서, 좀 더 여유로운 시간에 미래지향적이고 감각적으로 향유할 수 있는 것을 원한다. 이러한 전환의 시점에서 필자는 한국춤의 궁극적인 고찰을 토대로 변화의 타당성을 확보하고, 한국춤이 가야 할 방향을 집중적으로 모색하려 한다.

미래의 한국춤이 우뚝 서기 위해 좀 더 진보적이고 상생적이며 현대 삶과 결부될 수 있는 방법이 무엇인지, 공진화할 수 있는 예술 오브제, 예술 영감, 예술 감동을 주력하여 다뤄 보고자 한다. 한국춤에 대한 새로운 관점과 열린 사고로 동시대의 요구에 끝없이 응답하고자 노력할 때, 그 예술은 죽지 않고 인류와 오랫동안 공진화할 수 있을 것이다.

서장 춤과 무용

1 http://encykorea.aks.ac.kr/Contents/Item/E0037192 "以殷正月祭天國中大會連日飲食歌舞名曰迎鼓於是時斷刑獄解囚徒"

2 http://encykorea.aks.ac.kr/Contents/Item/E0019274 "常用十月節祭天晝夜飲酒歌舞名之爲舞天又祭虎以爲神"

3 한나 아렌트, 《인간의 조건》, 이진우 · 태정호 옮김, 한길사, 2017, 35~228쪽 내용 요약.

제1장 춤과 천

1 "舞必對舞, 男拂袖, 女翻手" 강명관, 《조선풍속사》, 푸른역사, 2010, 196쪽.

2 김윤지, 〈조선후기 전통춤의 교섭양상 연구〉, 한양대학교 박사학위논문, 2013, 62~63쪽.

3 "僧徒負鼓 入街市搥動 謂之法鼓 或展募緣文 叩鈸念佛 人爭擲錢 又用一餠換俗二餠俗得僧餠餇小兒 以爲善痘 朝禁僧尼不得入都門 故城外有此風 諸寺上佐乞齋米於五部內 自曉荷岱巡行 沿門唱聲 人家各出米給之 蓋新年徼福也." 洪錫謨, 《東國歲時記》

4 김윤지, 〈조선후기 전통춤의 교섭양상 연구〉, 70쪽.

5 김윤지, 〈조선후기 전통춤의 교섭양상 연구〉, 116쪽.

6 정현석, 《교방가요》, 성무경 역주, 보고사, 2002, 220~221쪽.

7 조선시대 사찬읍지는 16세기에 편찬되기 시작해서 17세기 본격적으로 발달하기 시작했다. 본고에서는 한국인문과학원, 《조선시대 사찬읍지朝鮮時代私撰邑誌》(1989)의 제45권 평안도 1, 제46권 평안도 2, 제47권 평안도 3, 제51권 평안도 7, 제54권 평안도 10과 《성천지成川誌》를 중심으로 살펴본다.

8 김은자, 〈조선 후기 평양교방의 규모와 공연활동〉, 《한국음악사학보》 제31집, 2003, 219~221쪽 재인용.

9 김윤지, 〈조선후기 전통춤의 교섭양상 연구〉, 45~52쪽.

10 https://terms.naver.com/entry.naver?docId=526320&cid=46666&categoryId=46666

11 〈'묵은 조선의 새 향기―가무歌舞편〉, 《조선일보》 1938년 1월 7일자.

12 〈'묵은 조선의 새 향기―가무歌舞편〉,《조선일보》1938년 1월 7일자.

제2장 춤과 칼

1 송혜진, 〈봉수당진찬奉壽堂進饌의 무대와 공연 요소 분석〉,《공연문화연구》18권, 한
국공연문화학회, 2009. 참조.
2 김윤지, 〈조선후기 전통춤의 교섭양상 연구〉, 59쪽.
3 "駕鶴 年十六也 夜 與兒妓楚玉劍舞 楚玉尤妙 其年十三云 劍舞我輩兒時所未見 數十
年來漸盛 今遍八道 有妓邑皆具其服色 動樂必先呈此少兒 亦能爲此殆世變也," 金昌
業,《老稼齋燕行日記》, 癸巳 3월 18일.
4 신경숙, 〈옥소 권섭의 음악경험과 18세기 음악환경〉,《18세기 예술 · 사회사와 옥소
권섭》, 2007, 138쪽 재인용. "平壤侏儒戎舞, 鐘閣隅童双刀舞, 金體健之劍舞, 慶州勝
梅之劍舞 (중략) 亦皆絶代奇勝."
5 권혜경, 〈조선 후기 교방의 연행활동 연구〉, 이화여자대학교 석사학위논문, 2005, 14
쪽 재인용.
6 〈황창무〉,《信齋集》책1, 3~4쪽; 조혁상, 〈조선조 검무시 연구〉, 59쪽 재인용. "嶺南教
坊 至今傳其舞爲戲."
7 안대회,《벽광나치오》, 휴머니스트, 2011, 112~116쪽. 안대회는 18세기를 빛낸 최고
의 춤꾼 운심을 소개하며 박제가의 〈검무기〉를 제시하고 있다.
8 정현석,《교방가요》, 18쪽.

제3장 춤과 북

1 https://db.itkc.or.kr/
2 김윤지, 〈조선후기 전통춤의 교섭양상 연구〉, 26~42쪽.
3 박사호의《심전고》번역《(국역)연행록선집IX》, 118쪽.
4 정병설,《나는 기생이다》, 문학동네, 2007, 16쪽.
5 배인교,《조선후기 지방 관속 음악인 연구》, 한국학중앙연구원, 2007, 103쪽 재인용.
6 정현석,《교방가요》, 43쪽.
7 정현석,《교방가요》, 45쪽.
8 정현석,《교방가요》, 185쪽.
9 나카오 히로시 · 하우봉 외,《조선통신사 ― 한일교류의 여러양상》, 보고사, 2012, 11쪽.

10 김건서, 《국역 증정교린지》, 후우봉 · 홍성덕 옮김, 민속문화추진회, 1998, 120쪽.

11 "左水使申公命人, 設宴干客舍. 三使臣, 具黑團領, 與黑團領, 與水使對坐. 一行員役及軍官書記,以字定座..受花床大饌. 使臣,聞余支, 卽令具服入參, 余亦席受饗. 見慶州東萊密陽三邑妓, 張樂迭舞, 絲營鳴堂, 鼓吹喧天,滿城觀者以千萬計.夜分而罷, 館于城外民舍." 申維翰,《海遊錄》1719년 5월 13일(乙酉).

12 "妓生三十六名內 本官婢十九名 寺婢十七名"《東萊府誌》.

13 《동래부사열》,〈禮房〉.

14 이숙희는 이를 점자點子로 보았으나, 악기의 형태상 운라로 보는 것이 타당하다. 점자에 대해서는 같은책 162쪽 운라와 비슷한 것, 징과 유사한 형태, 자바라와 같은 형태 등이 있다고 소개하고 있다.

15 http://encykorea.aks.ac.kr/Contents/Item/E0054051

16 《慶尙道邑誌》,〈東萊府邑誌〉'宮室'(궁실)

제4장 춤과 탈

1 http://terms.naver.com/entry.nhn?docId=1642810&cid=49627&categoryId=49627

2 한국고전종합DB(https://db.itkc.oı.kı)

3 "廻身掉臂弄金丸 月轉星浮滿眼看 縱有宜僚那勝此 定知鯨海息波瀾"

4 "廻身掉臂弄金丸 月轉星浮滿眼看 縱有宜僚那勝此 定知鯨海息波瀾"

5 "黃金面色是其人 手抱珠鞭役鬼神 疾步徐趨呈雅舞 宛如丹鳳舞堯春"

6 "蓬頭藍面異人間 押隊來庭學舞鸞 打鼓冬冬風瑟瑟 南奔北躍也無端"

7 안상복, 《향악잡영》과 산대놀이의 전통, 《한국민속학》 34, 한국민속학회, 2001, 149쪽.

8 http://ko.wikipedia.org/wiki/%ED%95%9C%EA%B5%AD%EC%9D%98_%EC%97%B0%EA%B7%B9#.EA.B3.A0.EB.A0.A4_.EC.8B.9C.EB.8C.80

9 "山臺結綴似蓬萊 獻果仙人海上來 雜客鼓鉦轟地動 處容衫袖逐風廻 長竿倚漢如平地 瀑火衝天似疾雷 欲寫太平眞氣像"

10 네이버 지식백과 〈산대잡극〉(한국민속예술사전 : 민속극)

11 "濟州俗 凡於山藪川池邱陵墳衍木石 俱設神祀 海自元日至上元 巫覡擊神纛 作儺戲 鐃鼓前導出入周里 民人爭捐財錢 以賽神 名曰 花盤." 洪錫謨,《東國歲時記》.

12 洪錫謨,《東國歲詩記》.

13 김윤지,〈조선후기 전통춤의 교섭양상 연구〉, 68쪽.

14 "(月內)女娘採取青草 盈把者 作髻 削木而加之 着以紅裳 謂之閣氏 設褥席枕屛以爲戲."《東國歲時記》

15 "[棚戲] 笙簫先拍第三章 大袖長衫舞似狂一笑開場俱絶倒老僧初見小巫娘." 權用正, 《歲時雜詠》.

16 "[九月]酗醉捕茱萸閒賞楓 幾處方築場與垣 魚遊河我多苦聲 牧竪草笛乞士 謌優婆 楄子 傀儡 棚 山僧上 醮 福德偶 里巫跳神 善往經 緣橦伎 會爭喝保 村墟互總堪聽." 金迥洙, 《農家十二月俗詩》.

17 "[十月] 盛饌高排期於麗 勝地大幕布京棚 幾人赴會盡沾沾 老少次亨辯燕毛 男女異席自相謙 風樂一部花郎 隊絲竹瞥肉彈吹撝 金賑同知李風憲 開敍寒喧笑掀鬚 崔勸農與姜約正 醉中大言爭炎炎 庄頭庄丁佃作輩 鼻歌尻舞不須嫌." 金迥洙, 《農家十二月俗詩》)

18 사진실, 〈山戲와 野戲의 공연양상과 연극사적 의의〉, 《고전희곡연구》 제3집, 2001, 260쪽.

19 윤이영, 《궁중나례의 변천사상과 공연사적 의미》, 민속원, 2012, 257~264쪽; 사진실, 〈山戲와 野戲의 공연양상과 연극사적 의의〉, 252쪽.

20 네이버 지식백과 〈남성관희자〉(한국민속예술사전 : 민속극)

21 윤주필, 〈경복궁 중건 때의 전통놀이 가사집 『기완별록』〉, 《문헌과 해석》 9호, 1999, 198쪽.

22 "演劇有山戲野戲兩部 屬於儺禮都監 山戲結棚下帳 作獅虎曼碩僧舞 野戲扮唐女小梅舞 曼碩高麗僧名 唐女高麗時禮成江上有中國倡女來居者 小梅亦古之美女名." 柳得恭, 《京都雜誌》.

23 윤주필, 〈경복궁중건 연희시를 통해 본 전통공연 문화연구〉, 《고전문학연구》 제31집, 2005, 224쪽.

24 사진실, 〈山戲와 野戲의 공연양상과 연극사적 의의〉, 265쪽.

25 안대회, 〈18·19세기 탈춤꾼 · 산대조성장인 탁문한 연구〉, 《정신문화연구》 33권 4호, 2010.

26 강명관, 〈조선 후기 서울의 중간계층과 유흥의 발달〉, 《민족문학사연구》 제2호, 1992, 196~197쪽.

27 사진실, 〈山戲와 野戲의 공연양상과 연극사적 의의〉, 264~265쪽을 참조하여 저자 번역.

28 사진실, 〈山戲와 野戲의 공연양상과 연극사적 의의〉, 264쪽.

29 임형택 편역, 《이조시대 서사시》(하), 302쪽

30 사진실, 《한국연극사 연구》, 태학사, 1997, 222~223쪽 재인용.

31 당시 공연에 사용했던 탈을 관찰 결과 두 벌의 산대놀이 탈이 섞여 있기에 본산대놀이탈을 본떠 만든 별산대놀이탈이 분명하다고 한다. 사진실, 〈山戲와 野戲의 공연양상과 연극사적 의의〉, 266~267쪽,

32 손인애, 《향토민요에 수용 된 사당패 소리》, 민속원, 2007, 42~43쪽.

33 서대석·최정여, 《동해안 무가》, 형설출판사, 1994, 36~38쪽; 이두현, 《한국의가면극》, 1979, 111쪽 ; 이균옥, 《동해안지역 무극연극》, 1998, 114~116쪽.

34 조동일, 《탈춤의 역사와 원리》, 기린원, 1983, 34쪽.

35 사진실, 〈山戲와 野戲의 공연양상과 연극사적 의의〉, 287쪽.

제5장 춤과 부채

1 "二十四日 立春 戶長具官服 執末耟以木爲年 兩兒妓左右執扇 謂之退牛 熱群擊鼓前導 先自客舍次入管庭 作耕田樣 其日自本府設饌以餽 是耽羅王籍田遺俗云." 李源祚, 《耽羅錄》

2 강명관, 《조선시대 문학예술의 생성공간》, 소명출판, 1999, 160~165쪽.

3 조동화, 〈무용개관〉, 《문예연감》, 1976, 504~507쪽 참조.

4 조동화, 〈무용개관〉 참조.

5 김욱동, 《모더니즘과 포스트모더즘21》, 현암사, 1994, 65쪽.

단행본

강명관,《조선시대 문학예술의 생성공간》, 소명출판, 1999.

_____,《조선 풍속사3》, 푸른역사, 2010.

김욱동,《모더니즘과 포스터 모더니즘》, 현암사, 1994.

나카오 히로시·하우봉 외,《조선통신사-한일교류의 여러양상》, 보고사, 2012.

도원영 외,《〈고려대 한국어대사전〉과 사전학》, 지식과 교양, 2011.

민족문화추진회,《(국역)연행록선집 IX》, 1982.

_____,《(국역)증정교린지》, 1998.

사진실,《한국연극사 연구》, 태학사, 1997.

서대석·최정여,《동해안 무가》, 형설출판사, 1994.

성무경,《조선후기 시가문학의 문화담론 탐색》, 보고사, 2004.

손인애,《향토민요에 수용 된 사당패 소리》, 민속원, 2007.

송방송,《한국음악통사》, 일조각, 2004.

_____,《의궤 속의 우리춤과 음악을 찾아서》, 보고사, 2008.

송수남,《한국화의 길》, 미진사, 1995.

장사훈,《한국음악학자료총서》, 국립국악원, 1980.

_____,《한국전통무용연구》, 일지사, 1994.

전경욱,《북청사자놀음》, 화산문화, 2001.

정 민,《조선후기 고문론 연구》, 아세아문화사, 1989.

_____,《한시미학산책》, 휴머니스트, 2010.

_____,《미쳐야 미친다》, 휴머니스트, 2004.

_____,《삶을 바꾼 만남》, 문학동네, 2011.

정병호,《한국의 전통춤》, 집문당, 1999.

정병설,《나는 기생이다》, 문학동네, 2007.

정현석,《교방가요》, 성무경 역주, 보고사, 2002.

조동일,《탈춤의 역사와 원리》, 기린원, 1983.

안대회,《벽광나치오》, 휴머니스트, 2011.

이균옥,《동해안지역 무극연극》, 박이정, 1998.

이두현,《한국의 가면극》, 일지사, 1979.

이애순,《최승희 무용예술연구》, 국학자료원, 2002.

임형택,《이조시대 서사시》, 창비, 2013.

윤아영,《궁정나례의 변천사상과 공연사적 의미》, 민속원,

최진석,《탁월한 사유의 시선》, 21세기북스, 2018.

탁석산,《한국의 정체성》, 책세상, 2008.

한국인문과학원,《조선시대사찬읍지》, 한국인문과학원, 1989.

한국정신문화연구원,《조선후기 궁중연향문화》권1, 민속원, 2003.

_____,《조선후기 궁중연향문화》권2, 민속원, 2005.

한나 아렌트,《인간의 조건》, 이진우·태정호 옮김, 한길사, 2017.

논문

강명관, 〈조선 후기 서울의 중간계층과 유흥의 발달〉,《민족문학사연구》제2호, 1992.

권혜경, 〈조선 후기 교방의 연행활동 연구〉, 이화여자대학교 석사학위논문, 2005.

김온경, 〈鄭顯奭의 敎坊歌謠 研究〉,《부산여자대학교 논문집》40, 1995.

김은자 〈조선 후기 평양교방의 규모와 공연활동〉,《한국음악사학보》, 제31집, 2003.

김윤지, 〈한국 신무용의 모더니즘적 성향에 관한 연구: 최승희와 조택원의 작품을 중
　　심으로〉,《한국무용사학》6, 한국무용사학회, 2010.

_____, 〈조선후기 전통춤의 교섭양상 연구〉, 한양대학교 박사학위논문, 2013.

_____, 〈한국민속예술사전 편찬을 위한 민속무용의 유형분류 연구〉,《한국사전학》
　　24, 한국사전학회, 2014.

_____, 〈유물로 본 민속춤의 흔적과 의미〉,《우리춤과 과학기술》11(2), 우리춤연구소,
　　2015.

_____,〈한국무형문화재 관련 사전 편찬의 현황 및 방향〉,《민족문화연구》85, 2019.

_____, 〈코로나 시대와 한국춤의 미래: 트랜스미디어 스토리텔링을 중심으로〉,《한국과 국제사회》4(6), 한국정치사회연구소, 2020.

_____, 〈한국춤의 정체성으로 본 BTS 성공의 재조명: 2018 멜론 뮤직어워드 무대를 중심으로〉,《한국과 국제사회》5(1), 한국정치사회연구소, 2021.

사진실, 〈山戲와 野戲의 공연양상과 연극사적 의의〉,《고전희곡연구》제3집, 2001.

성무경, 〈교방가요를 통해 본 19세기 중후반 지방의 관변풍류〉,《시조학논총》17, 한국시조학회, 2001.

송혜진, 〈봉수당진찬의 무대와 공연요소분석〉,《공연문화연구》8권, 한국공연문화학회, 2009.

신경숙, 〈19세기 연행예술의 유통구조〉,《어문논집》43, 2000.

배인교, 〈조선후기 지방 관속 음악인 연구〉, 한국학중앙연구원 한국학대학원 박사학위논문, 2007.

정은경, 〈조선시대 궁중 정재와 민간 연희의 교섭양상〉, 고려대학교 석사학위논문, 2003.

조동화, 〈무용개관〉,《문예연감》, 1976.

조지훈, 〈한국사상의 모색〉,《사상계》, 1966.

조혁상, 〈조선조 검무시 연구〉,《민족무용》제5호, 2004.

윤주필, 〈경복궁 중건 때의 전통놀이 가사집『기완별록』〉,《문헌과 해석》, 1999.

_____, 〈경복궁 중건 연희시를 통해 본 전통 공연문화연구〉,《고전문학연구》제31집, 2005.

안대회, 〈18 · 19 세기 탈춤꾼 · 산대조성장인 탁문한 연구〉,《정신문화연구》제33권 4호, 2010.

오승지, 〈조택원 예술활동을 통한 가치 재인식〉,《대한무용학회지》제42호, 대한무용학회, 2005.

안상복, 〈『향악잡영』과 산대놀이의 전통〉,《한국민속학》제34집, 한국민속학회, 2001.

그림 목록 ────────────────────────────────

서장 춤과 무용

그림 0.4 부산 동삼동 패총 출토 조개 가면. 출처:한국향토문화전자대전
그림 0.5 논산 출토 청동기시대 팔두령, 국립중앙박물관 소장. 출처:한국민족문화대백
　　과사전

제1장 춤과 천

그림 1.1 중국길림 무용총 주실 동벽 벽화 유리원판. 출처: 국립중앙박물관 공공누리
　　제1유형
　　정기활 필 무용총 무용도. 출처: 국립중앙박물관 공공누리 제1유형
그림 1.2 유득공,《경도잡지京都雜誌》, 규장각 소장. 출처: 문화원형디지털콘텐츠
그림 1.3 신윤복, 〈납량만흥納涼漫興〉,《혜원전신첩》, 간송미술관 소장. 출처: 공공누
　　리 제1유형
그림 1.4 신윤복, 〈노상탁발路上托鉢〉,《혜원전신첩》, 간송미술관 소장. 출처: 공공누
　　리 제1유형
그림 1.5 신윤복, 〈이승영기尼僧迎妓〉,《혜원전신첩》, 간송미술관 소장. 출처: 공공누
　　리 제1유형
그림 1.6 홍석모,《동국세시기東國歲時記》. 출처: 한국민족문화대백과
그림 1.7 김준근 〈굿중패모양〉모사복원품. 출처: 국립민속박물관 공공누리 제1유형
그림 1.8 김준근 〈중벗고치고〉모사복원품. 출처: 국립민속박물관 공공누리 제1유형
그림 1.9 정현석,《교방가요敎坊歌謠》. 출처: 한국민속예술사전
그림 1.10 양주별산대탈(노장). 출처: 국립민속박물관. 공공누리 제1유형
그림 1.11 기생 사진엽서. 출처: 국립민속박물관 공공누리 제1유형
그림 1.12 기생 그림엽서, 출처: 국립민속박물관 공공누리 제1유형

제2장 춤과 칼

제3장 춤과 북

제4장 춤과 탈

제5장 춤과 부채

춤, 움직임과 기술의 공진화

2022년 2월 28일 초판 1쇄 발행

지은이 | 김윤지
펴낸이 | 노경인 · 김주영

펴낸곳 | 도서출판 앨피
출판등록 | 2004년 11월 23일 제2011-000087호
주소 | 우)07275 서울시 영등포구 영등포로 5길 19(양평동 2가, 동아프라임밸리) 1202-1호
전화 | 02-336-2776 팩스 | 0505-115-0525
블로그 | bolg.naver.com/lpbook12
전자우편 | lpbook12@naver.com

ISBN 979-11-90901-84-0